「頭がいい子」が育つ家庭の8つの習慣

「勉強しなさい」は逆効果!?

自由な
遊びと体験が
「生きる力」
伸ばす

日経DUALの本

はじめに

勉強しなさい！と言わなくても、自分の好きなことを見つけて一生懸命学ぶ、意欲のある子に育ってほしい……。そう願う親は少なくないでしょう。

今、子どもたちの教育は大きな節目のときを迎えています。公立小学校では２０２０年度から「生きる力」の醸成を目指した新学習指導要領が実施され、これまでよりも「主体的・対話的で深い学び」が重視されることになりました。

さらに新型コロナウイルスも、子どもたちの学習環境に大きな影響を与えました。長期間にわたった休校中、学習は各家庭に委ねられ、公教育はほぼ機能停止の状態に。海外に比べて、オンライン学習への対応が遅れていた日本の公教育は、そのもろさを露呈する形となったのです。独自にオンライン授業の取り組みを始めた私立学校や学習塾、一部自治体もありますが、そうした教育サービスに触れる機会があるかどうか、そして子どもの教育にかける親の熱意がどれだけあるかによって、**子どもの学習進度に差が生まれ、いわゆる「教育格差」も指摘される世の中になりつつあるのです。**

そんな中、わが子に、自分らしく幸せな人生を生きてほしい。そのために、社会の最小単位である家庭の中で、まず親ができることとは何でしょうか。

日経ＤＵＡＬでは創刊以来、いわゆる「頭がいい」と言われる著名人や、「頭がいい子」を育てる親、専門家らに、多数取材してきました。その結果、「頭がいい子」が育つ家庭には、いくつかの共通点があることが見えてきたのです。

それは、**子の主体性を尊重し、親が自分の方針や思いを押しつけないこと。**「勉強しなさい」と叱ったり、低年齢から塾に通わせたりするのではなく、夢中になれる体験や遊びを通じて、子ども自身の「やりたい」「学びたい」という気持ちを自然に引き出すというものでした。

本書では、お茶の水女子大学名誉教授で発達心理学・保育学の専門家である内田伸子さんの解説のもとに、「頭がいい子」が育つ家庭の共通点をまとめました。前半では、生物学者で青山学院大学教授の福岡伸一さん、タレントの高田万由子さんをはじめ、「頭がいい」著名人や、「頭がいい子」を育てる親たちが、自身が受けてきた教育や、家庭において大切にしていることなどを、具体的な「方針」と共に、紹介していきます。

後半では、脳科学者の茂木健一郎さん、サイエンス作家でＹＥＳインターナショナルスクール校長の竹内薫さん、「渋滞学」を考案した東京大学教授の西成活裕さんが、未来を生きる子を育てる親として知っておきたい教育論を語ります。

子に勉強を教えるのが苦手な親でも、共働きで時間がない親でも、心配ありません。**本書で紹介する「家庭習慣」や「方針」は、決して難しいものではなく、誰でも取り入れることができる普遍的な内容です。**大切なのは、子の将来を考え、サポートしようという思い。わが子の可能性を伸ばすためのノウハウを、この１冊に詰め込みました。早速、みていきましょう。

「頭がいい子」が育つ家庭の8つの習慣

第1部

「頭がいい子」が育つ家庭習慣

プロローグ

「勉強しなさい！」よりも大切な親の関わり方

お茶の水女子大学
名誉教授
内田伸子さん

「頭がいい子」と聞いて、テストの点数が高い子を思い浮かべた人もいるのではないでしょうか。学習塾に通っていたり、幼少期から文字や算数、英語などを学ばせていたりする家庭の話などを聞くと、親としては焦ってしまうこともあるでしょう。

しかし発達心理学・保育学の専門家で、お茶の水女子大学名誉教授・環太平洋大学教授の内田伸子さんは、**「幼少期は、50の文字を覚えるよりも、１００の『なんだろう？』を育てることを意識してほしい」**と、話します。

「大切なのは文字を覚えることよりも、文字で表現したくなるような内面の育ちがあるかどうかです。子どもは自分からやる気にならないと、なかなか学ぶことができません。しかし、関心を持てば、あっという間に必要なことを身につけてしまいます。だからこそ、**自分で『やろう』とする力、自分で考える力を付けることが大切です**」

　では、自分から学ぶ意欲のある子を育てるために、親はどのように子と関わればよいのでしょうか。内田さんが強調するのは、「幼少期の遊びと体験」の大切さです。

「ＡＩが台頭する将来において大切になるのは、クリエイティビティ、ホスピタリティ、マネジメント能力だといわれています。クリエイティビティ（創造力）とは、新しい商品やサービスなどを通じて新たな価値を創り出していく力。その基になるのは、見えない未来を思い描く想像力です。**幼児期に遊びを通して蓄積した体験が豊かであればある**

お茶の水女子大学名誉教授
内田伸子さん

ほど、想像力も豊かになっていくのです」と、内田さんは話します。

抽象的な思考の土台となるのは、遊びを通じた「実体験」

子どもの発達と「想像力」との関わりをみていきましょう。子どもが最初に想像力を働かせるのは、生後10カ月頃。見たり聞いたりしたことを時間がたってからまねして再現する「延滞模倣」（見立て遊び）を始めるようになります。これは物事を記憶し、思い出せるようになったことの表れです。

5歳後半頃から、時間の概念が発達し、過去、現在、未来のことまで考えられるようになり、「将来何になりたいか」などについて話すようになります。さらに、9～10歳頃からは、意志、判断力、モラル、情緒が育まれ、「どう生きたいか」といった、人間的な豊かさにも意識が向くようになります。学習も、ひらがなや漢字、九九を覚えたりする暗記中心の勉強から、抽象的な思考が必要な勉強へと移っていきます。**この、抽象的な学習ができるようになる前に大切なのが、「遊びを通じた実体験」だと、内田さんは言います。**

「幼児期の子どもは、learning by doing、つまり実践から物事を学んでいきます。目、耳、鼻、舌、皮膚といった五感を使った遊びを通じて、子どもはさまざまなことを吸収していきます。**幼児にとっての『遊び』とは、『自発的な活動』であり、脳が生き生きと働いている状態なのです。**体験こそが未来を思い描く想像力の源となり、抽象的な学びに移るための礎となります」

「○○はなんで？」と聞かれたときがチャンス

遊びや体験に、適切な親の関わりや声かけをプラスすることで、子どもの能力をさらに伸ばすことができます。中でも今、注目されているのが、子どもの「考える力を伸ばす」こと。２０２０年度から小学校で施行されている新しい学習指導要領では、「主体的・対話的で深い学び」を主な柱にし、知識や技能の他に「学びに向かう力・人間性」「未知の状況にも対応できる思考力、判断力、表現力」なども重視されることになりました。このような「新しい学び」を、家庭ではどうサポートすべきでしょうか。

ここで、クイズです。

5歳の子どもが
「お風呂の中では、なぜ手が軽くなるの？」
と、質問してきました。

子どもを伸ばすには、何と答えるのがよいでしょう？

「自然界には浮力というものがあってね」などと、子どもの質問にできるだけ丁寧に答え、分かりやすく説明しようとするのは果たして正解でしょうか？

このクイズの解答は「どうしてだろう？　どうしてかな？」です。

「最近の親御さんは学力が高いので、子どもになぜ？と聞かれると、つい先生みたいに解説してしまう人が多いと思います。でもそれは、子どもの考える機会を奪うということ。浮力とは……の解説は学校の理科の先生に任せておけばよくて、『お風呂のお湯が下から押してるからかな？』などと子どもが自分なりに考えるのをぜひ手助けしてあげてください」

このとき、子どもに正解を求めるのではなく、アイデアを出したこと自体を褒めてあげることが大切です。

「『いい考えだね、よく考えたね』と共感を持って受け止めると、子どもは自分でどんどん考

えようとする。実はこの習慣は、今の日本の子どもたちに足りない〃考える力〃を家庭で育てるための良い方法なんです」と、内田さんは話します。

「なぜ?と聞かれたときに親が正解を与えてしまうから、指示待ちになっていくのです。**自分で考えるという成長の機会を奪っていたら、教育にどれだけお金を投資しても意味がないことになります。**中学生くらいになって、親が宿題の解き方を教えてあげようとしても、それを遮り『いいから、それより答えを教えて』という子どもに育ってしまいますよ。私がよく言う、『大人の親切、子どもの迷惑』の結果です」

読み聞かせは「生きる力」を伸ばす大切な習慣

では、クイズをもう一つ。

自分でもう本を読める小学校2年生の子どもが、「読んで」と親に頼んできました。

どうするのがよいでしょう？

正解は「読んであげる」です。

「すべて『自分で読みなさい』というのはよくありません。小学生のうちは、短い時間でも読み聞かせは続けてあげましょう。3年生くらいまでは文字を追うことに必死なので、深く行間に思いを馳せて読むことはなかなか難しいのです。高学年になったら、宮沢賢治の作品など、親自身も味わいながら読める作品を選んで読んであげてください」

そもそも、**文字を覚えさせる目的で読み聞かせをするのは間違い**、と内田さんは指摘します。

「読み聞かせは、文字を覚えるのが目的ではありません。おなかの中にいるときから聞いていたお母さんやお父さんの声で、温もりや愛情に包まれながら、親子で物語の世界を進んでいく。**人生のさまざまな出来事を乗り越えていけるようになるための、大切な体験なのです**」

幼稚園卒と保育園卒で、学力に差は出るのか

2010年、文部科学省は「幼稚園卒は保育園卒よりも成績が高い」という結果を発表しました。さまざまな家庭が利用する保育園と、世帯収入など似たような家庭の利用が多い幼稚園とでは成績に違いがあったということですが、本当なのでしょうか。

内田さんらは、その検証を行うために、日本、韓国、中国、ベトナム、モンゴルの大都市で3

～５歳の各３０００人を対象に大規模な調査を行いました。「『読み書き（模写）』の能力は５歳では、家庭の収入の高低によって得点に差は出ませんでした。しかし、内面の発育や知性を測る指標になる『語彙力』については、収入の高い家庭のほうが得点が高くなりました」。そこで「裕福な家庭ほど子どもに習い事をさせているのかもしれない」と習い事と語彙力の関連についても調査したところ、習い事をしている子どものほうが語彙力が高いことが明らかになりました。

しかし、学習系の習い事をしている子どもと、ピアノやスイミングなど芸術運動系の習い事をしている子どもとの間には、語彙力に差はみられませんでした。「つまり、語彙が豊かになったのは学習系の習い事をしているからではなく、習い事をしていること自体に要因があると考えられます。親とは違う大人や友達とコミュニケーションを取ったり、普段とは違う環境に身を置いたりする機会が増えるからで、習い事の内容はあまり関係ないということです」

では、幼稚園卒と保育園卒で語彙力に差は出たのでしょうか。

■習い事の種類と読み・書き・語彙との関連

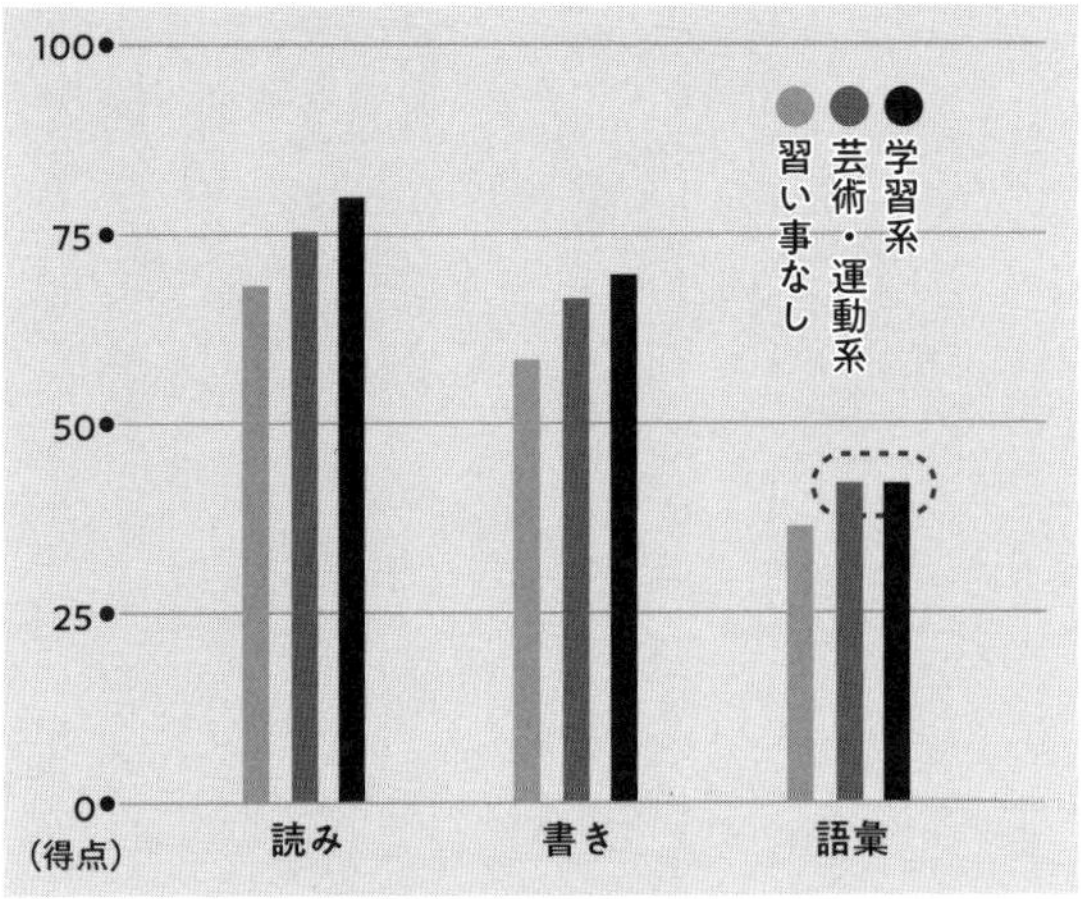

■保育形態と読み・書き・語彙との関連

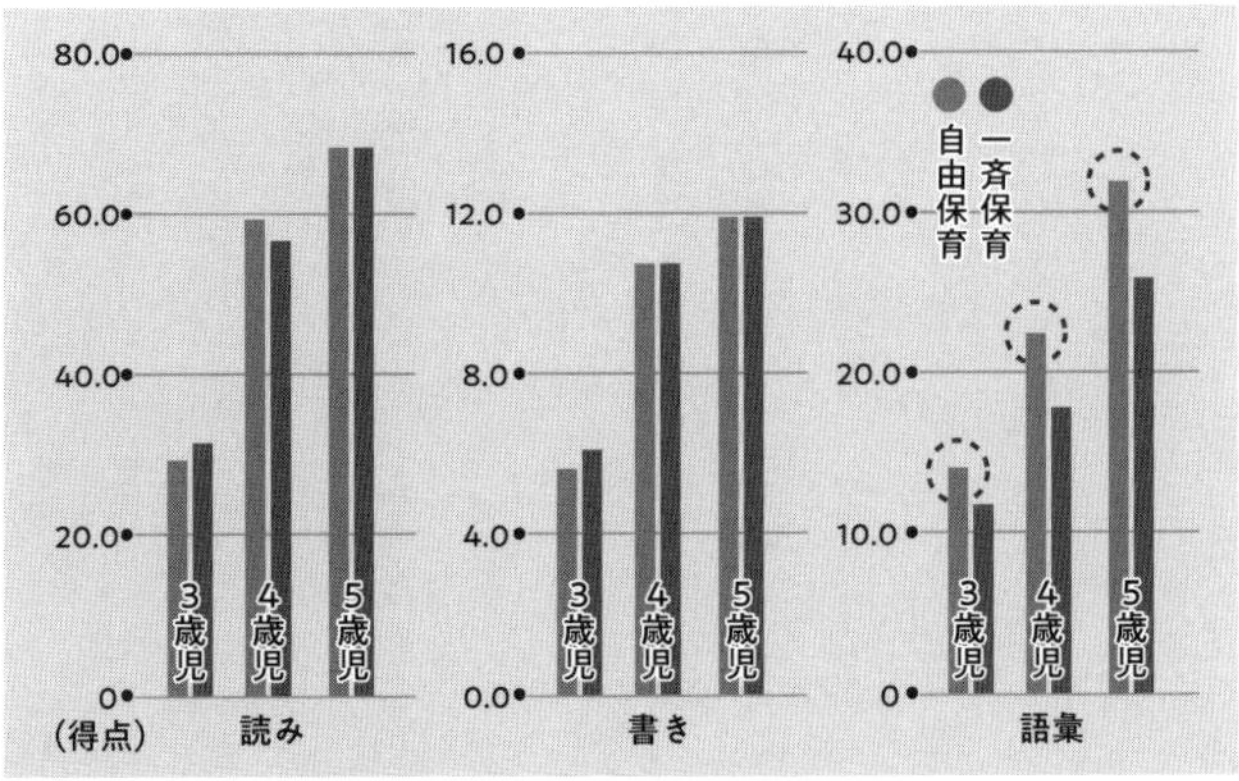

出典：内田伸子『子どもの見ている世界〜誕生から６歳までの「子育て・親育ち」〜』（春秋社、2017年初版・2020年改定版6刷）

「私たちの調査の結果では、両者に差は出ませんでした。それよりも『自由保育』か『一斉保育』かのほうが重要なことが分かりました」。**自由遊びの時間が多い幼稚園や保育園の子どものほうが、小学校1年生の勉強を先取りしている幼稚園や保育園の子どもより語彙力は豊か**という結果が出たそうです。

内田さんは「乳幼児期に大人が子どもの主体性や自発性を大切にしたかどうかが、子どもの将来の学力の差に関わってきます」と話します。

「3H」の声がけで子どもは後伸びする

子どもに関わるとき、常に覚えておきたいのは「3H」だと内田さんは言います。3Hとは

「ほめる、はげます、（視野を）ひろげる」です。

先ほど紹介した5カ国各３０００人を対象に行った大規模調査では、親子のふれ合いを大切にしつつ、子どもと楽しい経験を共有する「共有型のしつけ」を受けた子どものほうが、親からのトップダウンで子どもに考える余地を与えない、また過度に介入する「強制型しつけ」を受けた子どもより、語彙力が高かったのです。

さらに追跡調査によると、**幼少期に共有型しつけを受けていた子どもや自由保育を受けた子どもは、小学生になってからの国語の成績が高いという結果も出ました。**逆に、強制型しつけを受けていた子どもや一斉保育で先取り教育を受けた子どもは、小学校で国語の成績が低下しました。

子どもの主体性を大事にして、声かけをすることが、後の子どもの「伸び」に関係することを、内田さんの研究チームは、データで裏付けたのです。

難関校突破組の家庭は「共有型しつけ」が多い

また、内田さんが偏差値68以上の大学を卒業した難関校突破組の親と、そうでない子の親を比較した調査を行ったところ、**難関校突破組の親のほうが「遊びの時間を子どもと共に過ごすこと」を重視し、共有型しつけをしていた割合が高いという結果が出ました。**

「共有型しつけの母親たちは、子ども自身に考える余地を与えるような、共感的で援助的なサポートをしていました。すると子どもは主体的に探索し、自立的、自律的に考え行動できるようになると考えられます」

親子で楽しくふれ合い、たっぷり遊ぶ――。そんな理想の姿は見えましたが、共働きファミリーの場合は時間が足りないのが悩みのタネです。

小学校就学前にとても意識的に取り組んでいたこと

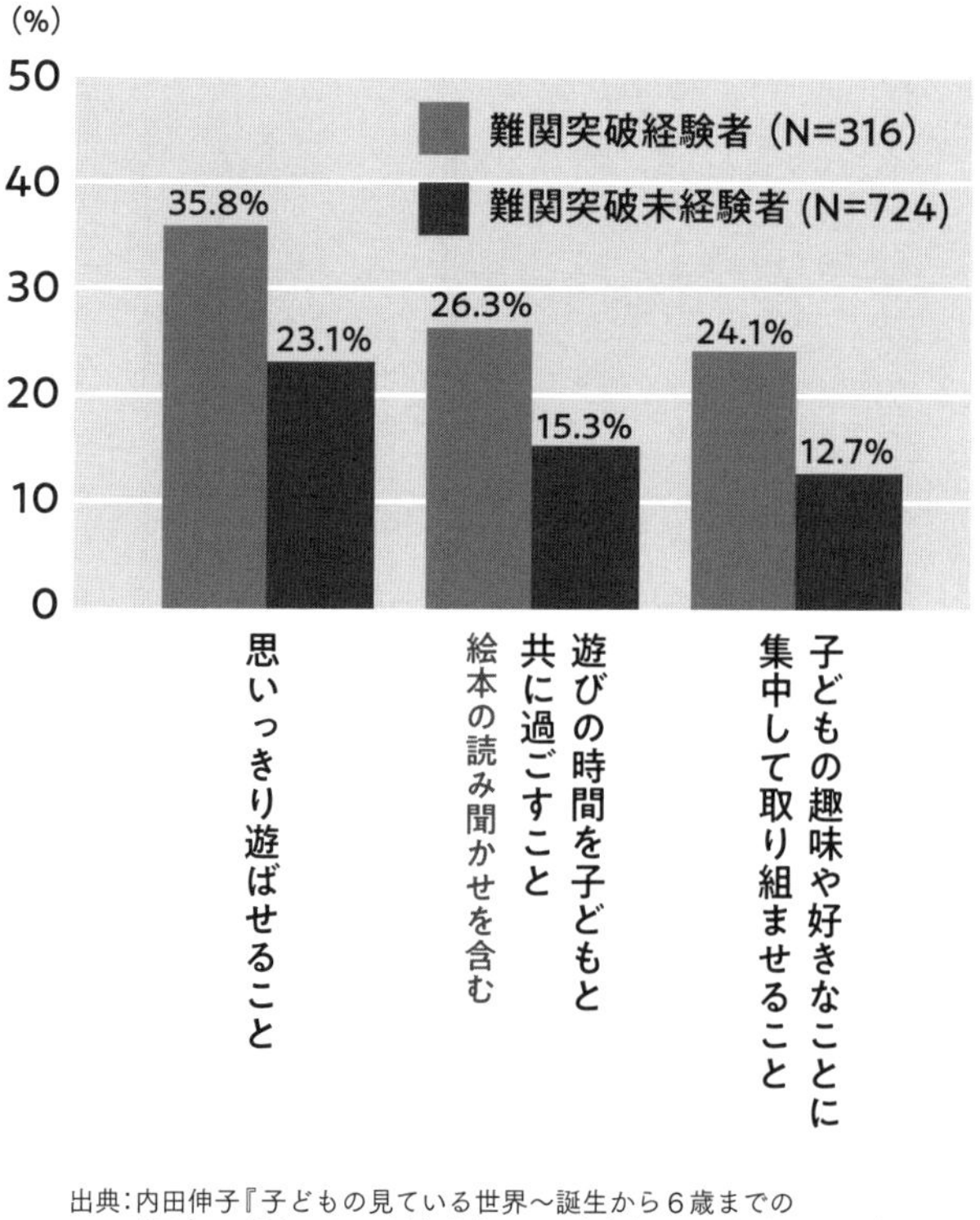

出典：内田伸子『子どもの見ている世界〜誕生から６歳までの
「子育て・親育ち」〜』（春秋社、2017年初版・2020年改定版6刷）

「親が仕事をしている間は保育のプロに安心して任せ、帰宅したらすべてを後回しにして遊んであげてください。『私のママ・パパ』と確認させてあげるのです。仕事が休みの日は親子で思い切り遊ぶチャンスです。0～5歳の未就学児なら休日に習い事など入れないで、遊ぶ時間をたくさん持ってください。実験や工作気分で一緒に料理し、一週間分の食事を作り置くのも、遊びと実務を兼ねた一石二鳥の過ごし方だと思いますよ」と、内田さんはアドバイスします。

「頭がいい子」が育つ家庭習慣 1

自由な遊びと体験で「想像力」を伸ばす

お茶の水女子大学名誉教授　内田伸子さんの視点

プロローグでも紹介したように、内田さんは、自由な遊びと体験こそが、将来の学力の基礎となり、未来を生き抜くための大切な力につながっていくと言います。

特に、小学校4年生以降になると、小3までのひらがなや漢字、九九を覚えたりする暗記中心の勉強から、抽象的思考が必要な勉強へ変わります。

「この壁を乗り越えるためには、0～9歳の間にとにかくめいっぱい遊ぶこと。五感を使って、直接体験をため込んでおくことがとても大切です」と内田さんは言います。

「直接体験を積むことで、想像力がつきます。見えない未来について考えを深め、未来を思い描くには材料が必要です。読み聞かせや図鑑で知った疑似的な体験も含めて、体験が豊かであればあるほど想像力も豊かになります。

とはいえ、子どもが思い出せる体験は断片的なので、目の前の出来事から連想される断片的な経験を複合したり、脈絡をつけたりするなどの加工作用が起こります。これが『創造』、つまりクリエイティビティにつながり、見えない未来を生き抜く力になっていきます」

内田さんが大切だと話す「自由な遊びと体験で『想像力』を伸ばす」という習慣を、実践していた人がいます。生物学者で、青山学院大学教授の福岡伸一さんです。

「生物は常に古い自分を壊し、新しい自分に変化し続けている」という「動的平衡論」を提唱し、生命科学の分野に一石を投じた福岡さん。画家フェルメールや哲学に対する造詣の深さでも知られていますが、子どもの頃は、昆虫に夢中になっていたそうです。そこには、未知なるものに初めて触れる驚きや感動、「センス・オブ・ワンダー」がありました。

福岡さんは、「私に特別な才能があったわけではなく、好きなものを追いかけ続ける『オタク的メンタリティー』を大切にしただけ」と語ります。そして、「そういったオタク的な部分を、子どもはみんな持っているものだと思います。成長過程でそれを忘れてしまう人も多いというだけで」とも。

では、子どもが「本来持っている好奇心」や「興味を持ったものを深く追究する力」を上手に発展させていくためには、どんな環境が必要なのでしょう。そして、福岡さんの家庭には、どのような「方針」があったのでしょうか。

「虫の青さ」が探究心の原点

生物学者・青山学院大学教授　**福岡伸一**さん

福岡さんは子ども時代、とても内向的だったといいます。そんな伸一少年は「下ばかり見て歩いていた」ところ、やがて、地面にいる虫たちに心引かれるようになりました。昆虫図鑑を読んでいて目に飛び込んできたのが「ルリボシカミキリ」という体長3センチほどの虫の「青さ」です。

生物学者・青山学院大学教授　福岡伸一さん

「空や海もきれいな青ですが、実際には手に取れない遠い色です。それが小さな虫の背中に存在する。なんて素晴らしいんだと心動かされました。**人生で初めて経験した驚き、『センス・オブ・ワンダー』でした」**

この虫を実際に見たい。どこで見つけられるのか、幼虫はどんな姿なのか、どんな木に潜んでいるのか……。

福岡さんは、ルリボシカミキリについて調べ始めました。図書館に通うようになります。書庫の奥にある昆虫コーナーは、福岡さん以外に訪れる人もほとんどなく「秘密の花園のようなものでした」。調査のかいもあって数年後、採集旅行で出掛けた先の山梨県で、初めて本物に出合いました。「図鑑よりもずっとずっときれい」で、改めて感動したといいます。

福岡さんがルリボシカミキリについて調べ始めた当時は**インターネットも検索サイトもなかったので、検索で一足飛びに質問の答えにたどり着くことはできませんでした。**自宅の昆虫図鑑で物足りなくなったら、図書館に行って足で情報を探す必要がありました。「深い学びを得るためには、それがかえってよかったのかもしれませんね」と福岡さんは振り返ります。

回り道にこそ豊かな学びがある

伸一少年は図書館に通ううちに、虫以外のさまざまなことにも関心を持つようになっていきました。

少年時代の福岡さんが夢中になった、鮮やかな青色のルリボシカミキリ

まず書庫の膨大な本が、分野別に3桁の数字を振られ、整理されていることに驚きました。

この分類法によって、自然科学は400番台、昆虫は480番台と、**頭の中に「知識の地図」が**

作られていったのです。知らない言葉が詰まった本の間を通り抜けるうちに「世界は広い」とも実感するようになりました。

大人から見れば、当時の福岡さんは単なる昆虫少年で、文学や絵画にまで精通する現在の姿は想像もできなかったかもしれません。しかし彼は好きな虫を深掘りする中で、「知識を身に付けることの喜び」そのものを知るようになったのです。

「回り道や道草の中にこそ、豊かな学びがたくさんあります。**大人は子どもたちに、物事を探究するプロセスこそが大事なのだと教えてあげてほしいです**」

両親には「子どもの趣味を邪魔しない寛容さ」があった

少年時代の福岡さんのように自ら探究していくタイプの子どもに対しては、**親が干渉し過ぎないことが大事なポイントのようです。**福岡さんは両親について、「子どもの興味を邪魔しない寛容さ」があった点がよかったと振り返ります。伸一少年は、家でも多くの虫を飼っていたので、部屋が汚れたり、逃げ出した幼虫が布団の下で潰れていたりすることもしばしばありました。しかし母親は一度も「飼うのをやめて」とは言いませんでした。

低学年のとき、両親が顕微鏡を買ってくれたことがあります。伸一少年は、蝶《ちょう》の鱗粉《りんぷん》の「モザイクタイルを並べたように微小な構造」を顕微鏡で見て、その美しさから、さらに虫にのめり込みました。「親は、顕微鏡が家にあるからうちに遊びにおいでと、同級生を誘って友達をつくる口実にしてほしかったのかもしれませんが、『親の心子知らず』でした」と笑います。

親から「勉強しなさい」と言われたこともないといいます。「虫に没頭することで大事なものを学んでいるのだろうと、両親は理解していたのかもしれませんね」

「すてきなもの」を子どもに見せる、親の感性も大事

伸一少年と違い、没頭できることを見つけられない子の場合は、親はどうしたらいいのでしょうか。

「馬を水辺に連れて行くことはできても、無理に水を飲ませることはできない、ということわざの通り、親は、何かを好きになるよう、子どもに強いることはできません。ただ、大人は、『面白い虫がいるよ』『星ってきれいだね』など、**世界に存在する『すてきなもの』をできるだけ多く子どもに見せてあげることはできると思います**」と福岡さんは話します。子どもが楽しみながら「これはどういうこと?」「あれは何?」と興味を抱いた様子なら、一緒に図書館に行って調べたり、博物館でもっと広く詳しい視点を見せてあげたりするといいかもしれません。

「子どもは情報処理能力が小さいため、気づかないこと、言語化できないことがたくさんあります。大人がさまざまな気づきを伝えれば、その中から、夢中になれるものを見つけ出せることもあるでしょう」。そのためには、**大人自身が「すてきなもの」を感じ取る「センス・オブ・ワンダー」を持ち続けなければならない、**ということです。

「子ども時代に自分が持っていた『センス・オブ・ワンダー』を忘れてしまっている場合でも、例えば子どもと一緒にバードウオッチングの体験をして、そのときに感じた鳥の美しさについて、子どもと語り合うなど、子どもと一緒に体験することの中から、新たに得られる感覚もあると思います」と福岡さんは言います。

親は必ずしも「子どもにとっての良きロールモデルにならなければ」と気負う必要はありません。例えば少年時代の福岡さんの理想の大人は、両親ではなく架空の人物、児童書の中に登場する、動物と話ができるドリトル先生でした。『ファーブル昆虫記』で知られる博物学者のジャン・アンリ・ファーブルにも影響を受けたといいます。

福岡さんのように、子どもは読んだ本の中にロールモデルを見いだすことも。子どもが興味を持つ分野の知識を、**親があまり持っていない場合、親は、その分野で導き手となる「親以外の人」や「書籍」に触れる機会を増やしてあげるといいかもしれません。**

挫折も破壊も子どもにとって大切な経験

好きな道を、順調に歩んできたように見える福岡さんですが、2度の挫折も経験しています。

1度目は少年時代。新種の虫を見つけるのが夢で、図鑑に載っていない虫を見つけ、喜々として国立科学博物館に持ち込んだことがあります。しかし、それはどこにでもいるカメムシの幼虫にすぎず、とうとう、夢はかないませんでした。

２度目は研究者になってから。「生命の謎を解明したい」と考えた福岡さんは、ミクロ生物学の研究に没頭し、自身も新しい遺伝子をいくつも発見しました。「世界中の生物学者の尽力により、２００３年にはヒトを構成する約２万２０００個の遺伝子の情報がほぼすべて解読された」といいますが、「結局、生命の謎は、何一つ分かりませんでした」と福岡さんは振り返ります。

しかし、これらの挫折経験は無駄ではなかったと、福岡さんは考えています。

「新種を探すという『山』を登り切ったとき、『次は遺伝子だ』と、次の目標ができました。そして、『遺伝子を解析しても生命の謎は分からない』と気づいたとき、『生物は常に古い自分を壊し、新しい自分に変化し続けている』という「動的平衡論」の考え方が浮かびました。**山の頂上に立たなければ次の山の存在に気づくことはできず、新しい扉は開かない、と気づいたことが、数々の挫折で得た大きな収穫だったように感じています**」

「動的平衡論」の考え方に従えば、子どもが積み木の家を崩す、ボールペンを分解するなど「壊す」ことに興味を抱くのも、理にかなっているといいます。福岡さん自身も、子ども時代、さなぎがどのように蝶になるのか知りたくて、中を開いてしまったことがありました。「壊すことに創造の『芽』があると、子どもは本能的に知っているのではないでしょうか」

福岡さんのこの言葉は、挫折も破壊も子どもにとって大切な経験なのだという、親へのメッセージともいえるでしょう。

中学受験も、頑張り体験の一つ

福岡さんは、「頭のよさ」について、**「頭の中に『時間軸』という一本の木を持ち、知識とい**

う枝や葉を植え付けて育てる力」だと話します。

「結果だけをネット検索し、分かったような気になっていては、単なる物知り博士で終わってしまいます。どんな事象も歴史の流れの中に位置付ける力を身に付ければ、知識は教養となり、他の分野に応用できるようにもなります」

では例えば中学受験のような、知識の量が問われるタイプの勉強をすることについては、どう考えればいいのでしょう。福岡さんは中学受験そのものについては、「脳が軟らかいうちに、目標に向かって頑張る体験は大事」と肯定的に捉えているそうです。「何かの目標に向かって、子ども時代に『やり切った』経験を積むと、『次はこんなことに取り組んでみよう』と前向きに学ぶ意欲につながりやすいと思います」

ただ、福岡さんは、「**受験勉強も、単なる暗記ではなく、時間軸を意識することが大事**」と指摘します。「『子どもが新しく学んだことの背景に、どういう歴史やプロセスがあるか』といった視点で、**親が知識の整理を手助けしてあげることで、受験をより豊かな学びの経験に変えることもできます。**また、子どもに頑張り体験を積ませることに意味があるので、合否にはこだわり過ぎる必要はないと思います」

＼福岡伸一さんのストーリーに学ぶ／

「頭がいい子」が育つ家庭の“方針”

方針 1

子どもの探究心を大切にし、決して「邪魔」しない

方針 2

回り道や道草も大切に。**プロセスが大事**だと教える

方針 3

時には親自身が**「すてきなもの」を見つけて**、子に紹介する

方針 4

挫折も破壊も**貴重な学びの機会**とする

福岡 伸一

生物学者、青山学院大学教授。1959年東京生まれ。京都大学卒。米国ハーバード大学医学部博士研究員、京都大学助教授などを経て、現在、青山学院大学教授・米国ロックフェラー大学客員研究者。サントリー学芸賞を受賞し、85万部を超えるベストセラーとなった『生物と無生物のあいだ』（講談社現代新書）、『動的平衡』（木楽舎）など、「生命とは何か」を動的平衡論から問い直した著作を数多く発表。また、大のフェルメール好きとしても知られ、世界中に散らばるフェルメールの全作品を巡った旅の紀行『フェルメール 光の王国』（木楽舎）、さらに最新刊として『フェルメール 隠された次元』（木楽舎）を上梓。最新刊は『スタディサプリ 三賢人の学問探究ノート(3) 生命を究める』（ポプラ社）

「頭がいい子」が育つ家庭習慣 2

子どもの「やりたい」気持ちを止めない

お茶の水女子大学名誉教授　内田伸子さんの視点

子どもが遊びや体験をする上で大切なこと。それは、親があれこれ指図したり、「これをやりなさい」と強制したりしないことです。

内田さんの調査では、語彙力が高い子どもの家庭は、親が子どもと一緒の時間を大切にする、子どもにたびたび話しかけるなどの「共有型しつけ」をする家庭が多いことが明らかになっています。

「共有型しつけの親は、ほめる、はげます、（視野を）ひろげるという、『３つのＨ』の言葉を多く子どもにかけています。『～しなさい』ではなく『～したら？』と提案し、子どもが自分で考える余地をつくります。親が子どもを信頼し、安全基地になってあげることで、子どもは思う存分、好きなことに熱中できます。主体的に探索し、自立的に考えて行動できるようになります」

一方で、『～しなさい』と言った指示的でトップダウンの言葉がけが多いしつけスタイルを、内田さんは「強制型しつけ」と名付けています。

「強制型しつけは、子どもに考える余地を与えず、過度に介入してしまいます。私が実際に見た家庭では、親が絵本の読み聞かせをした後、子どもに内容についての問題を出し、正解できないと怒る、といった場面もありました。こうした強制型しつけを受けた子どもは大人の顔色を見るようになり、緊張しながら過ごすことになります。主体的に学ぶことができず、他律的な行動を取るようになります」

子どもの興味を大切にし、見守ってあげる。東京大学出身で、家族でイギリスに住む高田万由子さんも、そのスタンスを家庭で実践してきました。高田さんは現在、20代の娘さんと、ティーンエイジャーの息子さん、そして夫でバイオリニストの葉加瀬太郎さんとともにイギリスに住んでいます。特に息子さんは、「学校の勉強よりも、自分が興味があることだけ掘り下げる」という男の子にありがちなタイプですが、高田さんはそんな息子さんの個性を尊重し、見守っているそうです。

子どもの興味や「読みたい」「知りたい」の気持ちを大切に

タレント　**高田万由子**さん

髙田さん一家がイギリスに移住したのは、娘さんが8歳、息子さんが1歳のとき。娘さんと息子さんは、性格も個性も大きく違うそうです。娘さんは記憶力がよく、勉強も大好き。一方で、息子さんは学校の勉強があまり好きではなく、覚えたいものだけ覚えるという男の子にありがちなタイプだといいます。

「息子が12歳の頃の話ですが、サッカーが大好きで、選手の出身国や国旗、チームの移籍歴などが書いてあるカードを集めていて、**１０００枚くらい持っているカードに書かれていることをほぼ全部覚えていました。**選手が今どのチームにいて年棒がどのくらいでと……試合中に選手の靴を見るだけで選手のすべてが分かったんです。母親としては、ひそかにどうでもいい情報だと思ってしまいますけれど（笑）。

ところが、漢字を１００個覚えなさいというと１

髙田万由子さん

個も覚えないんじゃないかな。覚える意味を見いださないと、手をつけないんです」

また、息子さんはテレビのニュースやドキュメンタリー番組が大好きで、よく見ていたそうです。

「『EUって最近どうなっているの？』『環境問題は今何が一番議論されている？』などと聞くと、そのときの状況や自分の意見を次々と話してくれました。『ゴールドラッシュ』という金山を探し出すテレビ番組もよく見ていて、金《きん》について語らせたら止まりませんでした（笑）。

他にも、サバイバル系の番組も大好きで。森の中で一人で取り残されたときに、どうやって食料を探したり、水を作ったり、火をおこして暖を取ったり、レスキュー隊に知らせたりするかといった番組を食い入るように見ていました。息子の知識があれば、森の中、砂漠、無人島、どこでもサバイバルができそうです。**生きる力は、きっとわが家で一番だと思います**」

子どもが見つけた「好きなこと」には口出ししない

スポーツについても詳しく、サッカーだけでなく、テニス、野球、アメフト、陸上と、興味のあることはとことん掘り下げ、知識を深めていたといいます。

「学校のテストに必要な知識以外はものすごく豊富で。数学の公式などには全然興味がなくて、そんなの覚える必要はないでしょ、っていう考え方のようです。**公式を覚えるよりも自分で考えて新しい解き方を考え出したい、と**」

学校の勉強よりも好きなことをとことん掘り下げるというのは、男の子にありがちな傾向です。そんな「男の子あるある」に悩む親の中には、「とにかく成績を上げなければ」と、子どもが好きなことを取り上げ、塾などに通わせて勉強をさせようとする人も少なくないのでは。でも高田さんはそんな息子さんの個性を尊重し、温かく見守っているようです。

「もう吹っ切れていますね。**好きなことを自分で見つけているのだから、それを大切にしてほしいです。**塾には通わせていたのですが、勉強しに行くというより、自分の知識を先生に聞いてもらいに行っていたような感じで。『万太郎くん（息子さんの名前）とお話していると、面白過ぎてずっと聞いてしまうんです』と先生がおっしゃるんです。『先生、お金払っているんだから勉強教えてください！』って思っていたんですけどね（笑）」

失敗から学ばせる

高田さんが心がけていることが、「子どもが挑戦していることを、できるだけ邪魔しないこと」。**失敗しそうだったり、時間の無駄に思えたりすることでも止めず、怒らず、できるだけ見守る**ようにしているといいます。

「子どもが何かに挑戦して、失敗したときに怒ったり責めたりすると、挑戦しなくなってしまいますよね。ですので、時間が許す限り、できるだけ子どもの好きなようにやらせてあげたいと思っています」

息子さんは、はんだごてに夢中だった時期もあったそうです。

「はんだごてで、何でもかんでもくっつけちゃうんですよ。ドローンを作るキットを、さらに加工したいといって何かくっつけていたことも。以前は、一度分解したら元に戻せなかったのですが、最近は元に戻すこともできるようになりました。確実に経験値を上げていますね」

また、携帯電話が割れたりするとパーツを買ってきて自分で直してしまったそうです。学校の友達の携帯まで修理してあげたそうで、勉強机が作業台になっていたことも。「データが消えてしまわないか心配でしたが、**自己責任のもと、一つの挑戦ということで見守っていました**」

親からすると「ケガするかもしれない」「もったいない」「余計に壊れる」「そんなことをする時間があったら勉強しなさい」などと口うるさく言ってしまう場面かもしれませんが、高田さんは、そこをぐっとこらえているそうです。

食事や宿題に手をつけずに夢中になっているようなときは、「切りのいいところで一旦やめようか。宿題を終わらせたら（ご飯を食べたら）、あとはエンドレスで朝までやってもいいから」などと声をかけることはあると言いますが、その声がけのタイミングにも細心の注意を払っているそう。

「自分が言いたいタイミングではなく、子どもの様子を注意深く見ていて、集中力がちょっと切れたな、というときなどに声をかけるようにしています。**子どもの興味をそぐ権利は、私にはありません。**もし私が息子の立場だったら、作業中に止められたくないと思うでしょうからね」

積極的に外遊びをさせる

もう一つ、高田さんが子育てにおいて心がけてきたのは、なるべく外で遊ばせることでした。

「私自身も、小さい頃から近所の公園や、山や海で遊んで育ちました。平日は近くの公園でずっと遊んでいましたし、

日曜日は朝6時に父親にたたき起こされて、『今日は山へ行くぞ』と言われては1日中、山で過ごし、『今日は海へ行くぞ』と言われては1日中海で過ごし（笑）。1日中、庭掃除をし続ける日もありました。**塾にも行かず、自然に触れながら好きなことをして過ごしていましたね。**父親は家族に号令をかけて、ぐいぐい引っぱっていくタイプなのですが、その向かう先が『勉強』ではなく、すべて『外遊び』だったんです。そうした父の方針を、私も子育てをする上で、なるべく踏襲するようにしています」

何もない公園のほうが創造力が磨かれる

遊具が充実していない公園でもいい。逆に何もない公園ぐらいのほうが、創造力が磨かれる、と高田さん。

「何もなければ、木を拾って穴を掘ってもいいし、葉っぱで遊んでもいい。家でゲームをするのも子どもにとっては楽しいかもしれませんが、**外に出て、太陽の光を浴び、どんな遊びをすれば楽しいかな、と自分の頭で考えることのほうが、さまざまな力が自然と身に付いていくのではと思います**」

実際、高田さんは、子どもたちが小さいときから、太陽が出ている間はずっと公園にいさせようと思っていて、意識して外に連れ出していたと言います。

「イギリスの冬は天気が悪いのですが、雨が降っても、雪が降っても、子どもたちは公園で夢中で遊び、『よくこんなに汚くなるなあ』と思うほど泥んこになりました。それだけ体を動かせば、体力もつくし、免疫力もつきます。ずいぶんたくましく育ったと思います。両親ともに働いていると子どもが風邪をひくと大変ですが、外遊びのおかげで風邪をひかない子になり、そういった意味でも助かっています」

息子さんは、友達から「万太郎くんと遊んでいると楽しい」と言われることが多いといいます。それは、息子さんが自ら楽しむ力を、小さい頃からの外遊びを通じて自然に身に付けてきたからでしょう。

「人から学ぶことは、大人になってからでもできると思います。社会人になって仕事を始めたら、誰かから教わるということは必要不可欠ですから。でももっと根本的なところにある、**自分で考えて自分のものにしようとする姿勢は、小さい頃に身に付けておくことが大切。**その観点でも、外で遊んだり活動したりすることは大切だと思います」

本が苦手な息子にはkindleを与える

息子さんは、以前は活字にも興味がなく、全く本を読まなかったそう。高田さんは、「本を読んでほしい」と思い、近くの高校生に読み聞かせをしてもらったり、一緒に本屋さんに行って興味を持ちそうな本を買ってみたりと、長年、読書の習慣をつけさせたくて試行錯誤。5年ほど前、ようやく読書に興味を示したといいます。

「海が好きだから、海でイルカと出合う少年の話を買ってみたんです。それでも全然読みません。もっと大人っぽい本だったら読むのかな、捕鯨問題などを扱う本ならどうだろうと思って買ってみたら、正解でした。また、好きなテレビ番組と同じで、ドキュメンタリーやサクセスストーリーが読める本なら関心を持つと分かったので、スティーブ・ジョブズやイギリスの飛行機会社の社長、ナイキの創業者などの自叙伝を**Kindleで買って入れておいたら、どんどん読み進めるようになりました**」

そんなきっかけから経営や経済にも興味が広がり、今では、自分が読んだ内容について、インターネットでリサーチもするようになったそうです。

「継続的に読書をしてほしいので、『今、何に興味があるのかな』と日々の確認作業は怠りません。**興味が向いている分野の本を常にＫｉｎｄｌｅで買って入れておくようにしています。**本人は、『あ！　なんか新しい本がある』と気づいて、勝手に読んでいるようです。今や息子にとってＫｉｎｄｌｅはどこへ行くにも手放せないアイテムとなっています」

親が読んでほしい本を買っておいたからといって、「買ったんだから読みなさい」と押し付けたり、読まなかったからといって叱ったり落胆したりしないのが高田流。絶妙な距離感を保ちながらの淡々としたアプローチが功を奏しているようです。

「小学生新聞」の活用法

高田さん一家は今はイギリスに在住していますが、日本に帰国していた時期、小学生だった娘さんに小学生向けの新聞を読ませていたそうです。

「日本にいるときは日本語に触れさせたくて購読していたのですが、子どもの興味がありそうな内容が幅広く取り上げられていたので、イギリスに引っ越してからは、日本にいる母に頼んで送ってもらったり、イギリスに来るときにまとめて持ってきてもらったりしていました」

イギリスでも、日本の小学生新聞のようなものを読ませていたと言います。

「8歳から14歳くらいの子に向けたＴＨＥ　ＷＥＥＫ　Ｊｕｎｉｏｒという冊子があるんです。成長して内容が物足りなくなってきてからは、ＴＨＥ　ＴＩＭＥＳや、大人向けのＴＨＥ

WEEKを読ませたりしていました」

子どもから質問されたら、一緒に調べることを提案

子どもが初めて新聞に触れる際には、いったいどこからどう読ませていいか分からないもの。高田さんはどうしていたのでしょうか。

「例えば一面に『EUの離脱』というテーマで記事が紹介されていても、小学校低学年だったら、まだ内容がよく分からないですよね。ですので、**本人が興味を引かれないようであれば強引に読ませることはせず、その隣に載っているマンガに興味を引かれるようなら、マンガを読めばよしとする。**もし、黄砂の記事や、ルノワールの絵などに興味を示したら、『黄砂ってな

んだろうね』『この絵は、どこの国の人が描いたんだろうね』などと言いながら一緒に調べてみる。**子どもから何か質問されても、すぐに正解を言うのではなく、『お母さんも分からないから、一緒に調べてみようか』と提案するようにしていました。**

ちなみに、息子は小さい頃魚が大好きだったので、新聞に載っていたさかなクンの記事は好んで読んでいました。さかなクンは、わが家のスターです」

1日1つだけでも、何か学べることがあれば収穫と考える

「子どもに新聞を読ませたい」と思うと、つい肩に力が入り、すべての記事をじっくり読ませようとしたり、内容をすべて理解させようとしたりと、親は欲張りになりがちですが、髙田さ

んは「1日1個、何か学べることがあればいいと思っています」と話します。

「毎日届く新聞をきっかけに、何か一つのものに興味を持ってもらえればそれでいい。**気になることをきっかけにして、『調べ学習』のような形で、親と一緒に興味を広げていく。**それだけで大きな収穫だと思います。

息子がよく言うんです。『毎日新しいことを学びたい』って。**新しいことを知ることは、とても面白いこと。それが、知らなくても生きていけるような内容だったり、学校の成績につながらなかったりすることでも別にいい。**親は、そのくらいのスタンスで構えているほうが、子どもの世界は大きく広がっていくのではないかと思います」

＼高田万由子さんのストーリーに学ぶ／

「頭がいい子」が育つ家庭の“方針”

方針5

失敗しそうなこと、時間の無駄に思えることでも**止めず、怒らず、見守る**

方針6

外遊びや遊具のない公園で**創造力を磨く**

方針7

本や新聞は**「興味があるもの」をきっかけにして**親しむ

高田 万由子

1971年東京都生まれ。94年東京大学文学部西洋史学科卒業。91年在学中に『週刊朝日』の「紀信の女子大生シリーズ」で表紙を飾り、これを機に、ミノルタ（当時）のカメラのテレビCMに出演。以後、テレビ・舞台・映画で活躍。エッセイストとしても活躍する。99年にバイオリニストの葉加瀬太郎氏と結婚。1男1女の母でもある。ロンドン在住。

「頭がいい子」が育つ家庭習慣 3

正解を与えない

お茶の水女子大学名誉教授 内田伸子さんの視点

子どもの「考える力」を伸ばすには、子ども自身に考え、判断する余地を与えることが大切だと内田さんは言います。子どもが「なんで？」と聞いてきたときには、「なんでだろうね？」と返し、子どもに考えさせ、説明させてみる。こうしたやり取りで、子どもの「論拠を挙げて説明する力」が育ちます。また、親との会話を通じて、子どもは相手の気持ちを受け止め、共感するという、人間関係において大切なスキルを学んでいくことができます。

「子どもが何らかの答えを出してきたら、たとえその答えが正解でなくても、『面白い答えだね』『よく考えたね』と褒めてあげましょう。すると、子どもは『考えることはいいことだ』『もっと自分から考えてみよう』と思い、学びに対して積極的になります。逆に、答えが合っていたから褒める、という姿勢では、子どもは答えを暗記することを好むようになるでしょう」と内田さん。

子どもの主体性を大事にし、自分でやろうとしたことや、考えついたアイデアを認めてあげる。これこそが、子どもの意欲や考える力を伸ばすコツなのです。

一方、「叱られながらやった勉強は身に付きません。脳は面白い・楽しいという感情を感じると活性化され、情報を記憶としてどんどん蓄えることができます」と内田さんは話します。

京都大学を卒業した高学歴芸人として知られる、人気お笑いコンビ・ロザンの宇治原史規《ふみのり》さんが育った家庭では、母親がまさに「正解を教えない」方針を実践していました。「勉強しなさい」とは一言も言わない代わりに、広告チラシの裏にクイズを書いてくれたり、学校から帰ってきた宇治原さんに「今日学校で何習ったん？　宿題どんなんなん？」と興味深く質問したりして、宇治原さんが楽しく勉強に向かえるように仕向けてくれたそうです。

「遊び感覚」の勉強で、楽しさを感じさせてくれた母

ロザン　宇治原史規さん

宇治原さんは、幼稚園から中学2年生まで広島で育ち、公立小学校、中学校で学びました。中学3年生で大阪に転校。当初は学区内の公立高校を受験しようと考えていましたが、塾の先生から、国立の難関校である大阪教育大学附属高校天王寺校舎を勧められて受験。偏差値72の

狭き門を突破して、合格しました。

そもそも、宇治原さんが「勉強を嫌だと思ったことは一度もない」と言い切れるほど勉強が好きになった原点は、幼稚園時代に母親が、新聞の折り込み広告の裏にクイズを書いてくれたことにあったようです。

問題が解けたら「わあ！ すごいね」

「姉が面倒見がよくていつも遊んでくれていたのですが、姉が小学校に入ったら宿題をするのに忙しくなって、僕と遊んでくれなくなっ

ロザン　宇治原史規さん

たんです。暇を持て余していた僕に、母親がチラシの裏に穴埋め式のクイズを書いてくれました。例えば、『1＋1＝？』とか、『さくらの□（きが正解）がはえています』といった感じです。宿題をする姉の隣に並び、遊んでいる感覚で楽しみながら問題を解いたことが、勉強のスタートになりました」

「母としては、僕にクイズを与えておけば、その時間に家事もできて楽だから、といった理由だったのかもしれませんけどね」と宇治原さんは振り返りますが、当時も、小さな子どもが一人で遊べるものは他に色々あったはず。ですが、テレビを見させたり、おもちゃを与えて放っておいたりするのではなく、問題を手作りしてくれたところに、母親の大きな愛情を感じます。**問題が解けると「わあ、すごいね！」と褒めてくれたのもモチベーションにつながった**と宇治原さんは言います。

「〝やらされる感覚〟ではなく、遊び感覚で勉強に取り組めたことは大きかった。その感覚は大人になった今に至るまで、ずっと続いています。今はよくクイズ番組に出させていただき、東大出身の回答者などにもよくお会いしますが、**皆さんに共通するのは、本当に勉強が好きということ。〝やらされている〟感覚の人はいないですね**」

宇治原さんが勉強好きになったのには、もう一つのきっかけがあったそう。「人と話しているときは、その人の目をしっかり見ながら聞きなさい」というお母さんの〝しつけ〟です。

「人の話は目を見ながら聞きなさい」

「小3のときだったでしょうか。担任の先生が『授業中に目が合っているのは宇治原だけだぞ！』と言われたので驚いて。そのとき初めて『みんな先生の目を見てへんの？　じゃあどこ見てんねん？』って思いました。小さいときから親に散々『人の目を見て話を聞け』と言われてきたから、染み付いていた。僕は中2の3学期まで塾に行かず、授業を聞いて家で宿題をやるだけで予習も復習もしませんでしたが、**授業中に先生がテストの答えを全部言っているようなものなんで、それで十分でした。**僕しか授業を聞いていなかったら、1位を取れてしまうのは当然ではないかと思うんです」

一般的には「授業はつまらない」なんて思ってしまう子も多いですが、「ずっと聞き続けることで面白くなる」と宇治原さんは言います。

「授業は、新聞を読むことと似ているかもしれません。新聞を毎日読んでいるとニュースの続きが分かって面白く感じますが、読まない時期があったら、話がつながらなくなる。**授業も同じで、毎日ずっと聞いていたら話がつながっていて面白いと思うんです。面白いから、勉強が好きになる。**『人の目を見て聞きなさい』という親の〃しつけ〃のおかげで、小1の春から授業を聞き続けられたことは大きかった。本当にありがたいと思ってます」

宿題のやり方を、あえて子どもに教えてもらう

宇治原さんのお母さんは、学校から家に帰ると、学校であったことを興味深く質問してくれたといいます。

「『**今日学校で何習ったん？　宿題どんなんなん？　どうやってやんの？**』と、興味津々という感じで聞いてくるんです。聞かれるもんだから、こっちが教えてあげてるつもりになって、『こうやねん、この漢字はこう書くねん』って、得意げに母親に教えるわけです。『へえ、そうなんや、すごいねえ』と言われるのがうれしくて。**いっぺんも親に『宿題やりなさい』なんて言われたことないけど、宿題はやりたくてしかたがなかった。**実際は調子に乗らされていたんでしょうけど（笑）」

多くの親が「宿題やりなさい」と言ってしまう中、問いかけによって、子どものやる気を自然に引き出してきた宇治原さんのお母さん。自分から宿題をやる勉強好きな子どもを育てるためのポイントを押さえていたと言えるでしょう。

それだけ熱心な母親なら、成績についてもチェックされそうなものですが、「成績には全く興味がない親でした」と宇治原さんは振り返ります。

成績の良しあしは気にしない

「母親は『学校でちゃんとやっているか』ということを気にするくらいで、成績が良いとか悪いとかには、興味がなかった。父親も同じです。『京大に受かったときに、初めてコイツ、頭ええんやな、と思った』と言われたくらいで、父親はそれまで、通知表すら一度も見たこともありませんでした」

日々の成績について何か言う代わりに、宇治原さんのお母さんが繰り返していたのは、お父さんの頑張りを褒めることだったそうです。

「母親からは大げさなくらい『お父さんは会社で頑張っているのよ』『こんなにすごい仕事をしているのよ』と聞かされていました。僕は父親の会社に行ったこともないし、仕事をしている姿を見たこともないけれど、『へえ、そうなんや。僕もお父さんみたいに仕事ができる人間になれるように頑張ろう』と小学生の頃から思ってました」

「**成績に一喜一憂しなくても、親が頑張っている背中を見せれば、子どもにとって大きな刺激になります。**共働きのご家庭の場合、お父さんだけでなくお母さんも仕事を頑張っておられますよね。それをお子さんに積極的に伝えていかれたらいいのではないでしょうか」と宇治原さんはアドバイスします。

学校の先生を軽視しない

「自分が親にしてもらってよかったと思うのは、結局は〝しつけ〟です。勉強のことは何も言われたことがなかったけれど、勉強が好きになったり、得意になったりしたのは、ほぼ１００％〝しつけ〟があったからだと思っています」と宇治原さんは言います。

しつけの一環で、宇治原さんがお母さんから繰り返し言われていたことは他にもあります。それが、「**学校に行ったら、先生が一番偉いから、先生の言うことを絶対に聞きなさい**」というものです。

「先生の中には色々な方がいらっしゃるので、一概に言えないかもしれませんが、『先生が正しいことを言っているとは限らない』と、学校の先生を軽視するような風潮は、僕はあまり好きではないんです。それを言い始めてしまうと、**子どもが先生を信頼しなくなって、授業を聞かなくなってしまうから。**先生は絶対的存在であるほうがいいかなと、自分の経験から思いますね」

ちなみに宇治原家では、主要教科だけでなく、副教科（例えば音楽、図工、体育、家庭科等）にも全力投球することが求められていたそう。

「それも、〝しつけ〟なんですよね。『できる・できないに関係なく全部ちゃんとやったほうがいい』というのが親の考え方でした。それを聞いて育ったので、副教科もおのずと全部頑張ろうという発想になっていました」

「勉強しなさい」ではなく、「この問題はどうやって解くの？」と問いかける。「人の話は、しっかり目を見ながら聞きなさい」「学校の先生の言うことをちゃんと聞きなさい」「できる・できないは関係なく、全部頑張りなさい」と伝える。どれも、「子どもの成績を伸ばす」以前に、「きちんとした人間を育て上げる」という意味において実践したい、大事なしつけといえそうです。

＼宇治原史規さんのストーリーに学ぶ／

「頭がいい子」が育つ家庭の“方針”

方針 8

遊び感覚の勉強で「学ぶ楽しさ」を身に付ける

方針 9

人の話は目を見ながら聞くことを教える

方針 10

学校を軽視せず、「授業が好き」の気持ちを育てる

宇治原 史規（うじはら ふみのり）

1976年大阪府生まれ。大阪教育大学附属高校天王寺校舎で相方である菅広文さんと出会い、96年にロザンを結成。京都大学法学部に進学後、98年にデビュー。お笑い芸人として活躍するとともに、クイズ番組でも数々のタイトルを獲得。幼少期からの歩みは、菅広文さんの著書である『京大芸人』(幻冬舎よしもと文庫)、『京大少年』(講談社)に詳しく書かれている。吉本興業所属。

「頭がいい子」が育つ家庭習慣 4

子ども自身に考えさせ、決めさせる ～非認知能力を高める～

お茶の水女子大学名誉教授　内田伸子さんの視点

生活の中で遊びや体験を重視することのメリットはまだあります。それは、友達との遊びや体験を通じて、想像力（クリエイティビティ）だけでなく、他者への共感や配慮（ホスピタリティ）、自分の感情をコントロールする力（マネジメント能力）なども身につけていくという効果です。

遊びや体験などによって身に付くこれらの能力は「非認知能力」と呼ばれています。「非認知能力」とは、テストの点数やＩＱといった数値では表すことができない、基本的な人間力のこと。「子どもたちが大人になる頃は、現在人間が担っている仕事の多くがＡＩに代替されるといわれています。そんな将来においても、人間にしかできない仕事として残り続けるのが、このクリエイティビティ、ホスピタリティ、マネジメント能力を生かした仕事だと指摘されています」（内田さん）

非認知能力にはほかにも、くじけない心、コミュニケーション力、問題を見つけ解決する力、行動する力、やり抜く力、我慢する力などが含まれます。２０００年にノーベル経済学賞を受賞したシカゴ大学のジェームズ・ヘックマン教授が行った調査によれば、幼児期に非認知能力を高めることは、将来の所得を増やしたり、犯罪率が低下したりするなどの大きな効果があることが分かりました。

つまり、非認知能力は、未来を生きる子どもたちにとって必須のスキル。将来、子どもが仕事に困ることなく、幸せな人生を送れるようにするためには、家庭や学校などでこのスキルを高めることが欠かせないと言えるでしょう。

子育てにおいて、その非認知能力を高めることを重視した人がいます。米国で毎年行われている大学奨学金コンクール、「The Distinguished Young Women of America（全米最優秀女子高生）」で、２０１７年の最優秀賞に選ばれたスカイ・ボークさんの母・ボーク重子さんです。日本出身で、アート業界でキャリアを築いていたワーキングマザーでもあるボーク重子さん。自身の子ども時代に受けた詰め込み型教育を反面教師に、家庭では、ひたすら非認知能力を育むための取り組みを続けてきたと言います。

非認知能力を家庭で育む術

「全米最優秀女子」の母　**ボーク重子さん**

米国で毎年行われている大学奨学金コンクール、「The Distinguished Young Women of

America（全米最優秀女子高生）」。この賞は米国在住の女子高校生（3年生）が対象で、知力やコミュニケーション力、特技、体力、自己表現力などを競うもの。2017年の最優秀賞に選ばれたボーク・スカイさんは、「大学の授業料が高額だから、家族の一員として何か自分にできることはないか」という思いで応募をしたといいます。アジア系が優勝するというのも、非常に珍しいことだそうです。また日本人では初めての優勝でした。

スカイさんは、現在は米国ニューヨーク市に本部を置く私立の名門、コロンビア大学に在学中。幼い頃から習ってきたバレエも続けています。バレエも、プロからも声がかかるほどの実力といいます。

そんなスーパー女子を育て上げたボークさん。ボークさんは、「従来型の詰め込み型英才教育を行う厳しい教育ママと思われがちなのですが、**実は、一**

写真右からボーク重子さん、スカイさん、ボークさんの夫

度も娘に『勉強しなさい』『宿題をしなさい』と言ったことがない」と言います。

「『勉強しなさい』、と言わない方針を貫いてきたのは、私自身が、詰め込み型教育の負の面を感じていたからです」（ボークさん）

「勉強だけしていればいい」では意思が育たない

中学生まで、ボークさんは非常に優秀で、出身地である福島県で5位の成績を取ったこともあったといいます。「１９７０年代の高度成長期で、親からは『勉強だけしていればいい』と言われて育ちました。点数がよければいい高校に行き、いい大学、いい会社に進んで、人生の幸せが続くと思っていた。中学1年生まではいい成績だったのですが、中2から数学が少し難しいと感じるようになり、ある日成績が下がりました。これではみんなから頭がいいと言われなくなってしまうと思った私は、『勉強しない』という選択をしました。周囲から、**高校は県で一番の進学校に行けると言われていたのに到底無理で、大学受験のときでさえまともに勉強せず、そのまま暗黒の20代を過ごしました**」

20代後半のときに、当時付き合っていた米国人男性に突然フラれてしまったそう。「『結婚したらどう生きる?』と彼から聞かれて、『あなたのお世話を一生して一緒に歳をとります』と伝えたら、『僕はそれだけの人はいらない』と去っていってしまったんです。これも、**私の自己肯定感の低さと自分の意思のなさが原因でした。**当時、私は外資系企業に勤めていて、お金だけはたまっていた。結婚がダメになり、思い描いていた未来が崩れた今、いつかやってみたいと思っていた美術の世界に飛び込むことを決意し、英国に留学して修士号を取りました。そのときに、今の夫に出会ったんです」

結婚、そして出産。妻や母としての結婚生活は幸せでしたが、自分自身の人生と子育てについては非常に悩んでいました。

「娘に、私のように自己肯定感が低い子にはなってほしくない、やりたいことも分からず、見つかっても勇気がなくて一歩が踏み出せない、そんな自信のなさで暗黒の時代を送ってほしくないという思いに駆られました。自信を持って自分らしい人生を生きていってもらうために、娘に合った教育法を探し、非認知能力に重点を置いている学校に出合いました」

小学校3年生まで、「教科書も宿題もなし」

「その学校の系列小学校の見学に行ったところ、『1＋1』という問題について、リンゴや、指など身の回りにあるものを自由に使って、50分もかけて自分で確かめさせているんです。生徒たちの顔は好奇心に満ちあふれていました。自分で決めた方法で確かめさせることで発見する喜びを見いだし、学んだことが自信につながっていた。単に『1足す1は2だから覚えなさい』、と丸暗記させる教育では到底得られない本当の学びが、そこにはありました」

その学校では、小学校3年生まで、教科書も宿題もありません。**先生が一方的に授業で教えるのではなく、遊びを通じて体験させたり、生徒同士で話し合わせたりすることで、方法論や答えを自分で発見させる**というのが基本的な学びのスタイルだったそうです。

「さらに系列の高校にも見学に行くと、どの生徒の顔もリラックスしていて、休憩時間は芝生で談笑しているのに、授業になると『この最高裁の判決について、どう思うか』といったテーマで高度なディスカッションを行っている。その高校を出た子たちは、皆トップ校に進んでいました」

ボークさんはその学校に、スカイさんを幼稚園から入れました。英才教育に力を入れる知り合いのママたちからは、「あんなに遊んでばかりの学校で大丈夫なの？」とも言われましたが、迷いは一切なかったといいます。

「中学時代の私が、成績が少し下がったからといって努力をやめてしまったのは、まさに非認知能力が欠如していたからでした。もし、あのときの私に非認知能力が備わっていたら、成績が落ちた自分にも勇気を出して向かい合い、冷静に原因を分析した上で、それを克服するという行動が取れたはず。**非認知能力を育めば、何があっても娘は生きていける、必ず幸せをつかむことができる**という確信がありました」

その学校の先生から「子どもは〝家族〟という最小のコミュニティーの中で育っているため、家庭での影響が非常に大きい。ぜひご家庭でも、非認知能力を伸ばす教育をしてください」と言われたことで、家庭でもさまざまな工夫をしたそうです。５つのポイントにまとめて紹介しましょう。

ポイント❶ 子どもの裁量に任せるために、家庭でルールを設ける

「ルールというと『子どもを縛りつけ、思考停止させるもの』と思われるかもしれませんが、実際はその逆で、**『ルールの中でなら何をやってもいい』と子どもに裁量を与えると、自ら考えるようになり、自立心と主体性が芽生えます。**また、ぶれない子育てをするためにもルールは必須。親はつい、そのときの気分や状況によって子どもに言うことを変えてしまいがちですが、それだと子どもは混乱します。ルールを決めて親も子も守るようにすれば、ぶれずに済みます」

ボーク家では、親子ルールを設けるにあたり、まず、「どんな家族でありたいか」をみんなで考えて、基本の4項目と「やってはいけないこと」＝「Don'tルール」を作りました。

ボーク家の親子ルール　基本の4項目

1 いつも礼儀正しくする
2 正直に生きる
3 主体性を持つ（自分でできることは自分でする）
4 家族の責任ある一員として生きる

ボーク家のDon'tルール

1 怒鳴らない
2 嘘をつかない

さらに、子どもの年齢が上がるにつれ、その時々の「やるべきこと」を決め、基本ルールに沿ってDoルールを作ったそうです。

ボーク家のDoルール

1 朝と夜、必ず「おはよう」「おやすみなさい」と挨拶する（基本項目1）
2 夕食は家族みんなで一緒に食べる（基本項目4）
3 夕食の際、テーブルマットを置くお手伝いをする（基本項目4）
4 靴のひもは自分で結ぶ（基本項目3）
5 食事の前に、家族全員のテーブルセッティングをする（基本項目4）※
6 学校の準備は自分でする（基本項目3）※
7 日曜日は家族全員の朝食をつくる（基本項目4）※

※＝スカイさんが小学生になってから追加

興味深いのが、７つ目の「日曜日は家族全員の朝食をつくる」です。

「基本項目の４にも関係しますが、小さな子どもであっても家族の一員として役割を担ってもらうことが大切、と考え、娘が小学校１年生になったときから、日曜日の朝食づくりを担当してもらいました」

まずは食材を買い出しに行くところからスタート。「前日の土曜日に５００円程度のお金を持たせて、パパと買い物に行ってもらいました。火と包丁は使わない約束の中で、一番初めに娘が作ってくれた朝ごはんは、洗ったレタスとイチゴのサラダ。炭水化物もたんぱく質も一切ない朝食でしたが、ここでケチをつけてはいけません。**まずは全面的に肯定して『ありがとう。すごくおいしそうだね』と、褒めました。**娘は、『自分は家族の役に立てている』とうれしくなり、だんだんと腕を上げていって、次第にパンケーキとベーコン、スクランブルエッグといった、本格的なおいしい朝食を作ってくれるようになりました。

誰だって自分が役立っていると思えるとうれしいし、そんなとき、自己肯定感は高まります。娘に日曜日の朝食作りをお願いしたのは、それが目的でした」

数年前にスカイさんが母の日に作ってくれた朝食

もう少し高学年になってからは、テレビや携帯電話、ゲームに関するルールも定めました。「バレエの練習や宿題、勉強などが終わっていたら、寝る時間までは好きなことをしていていい」というものです。

「誰でもリラックスの時間は必要ですから、テレビもゲームも禁止はしません。こうしたルールを設けることで、**遊ぶ時間を確保するためにはどうしたらいいかなと、子ども自らが考えるようになり、自然とやるべきことをてきぱきと終わらせる習慣が身についていきました**」

親子ルールは、子どもが小さいうちから作るのがおすすめだと、ボークさんは言います。

「子どもが小さければ小さいほど、『そういうものか』とルールを受け入れやすいもの。でも、それまで好き勝手にやらせてきた子に、小学校高学年くらいになってから急にルールを作っても、『なんでそんな決まりを守らなくちゃいけないの？』と反抗するでしょう。だからこそ、小さいうちからルールを作って守らせる習慣は大切。**どんなに小さい子でも『お約束で**

しょう』ときちんと説明されれば、『なるほど』と納得できるはずです」

ポイント❷ 親子の対話の時間を毎日持つ

ボーク家では、1日3分でも、親子や家族で改まっての対話をすることを心がけていたそう。「その日にあったニュースについて、『どう思った？』と聞くことも多かったですね。**『分からない』は禁句で、必ず何かしらの意見を出し合うようにしていました。**私自身は、自分で考えるということをせず、自分の意見を持っていなかった。でもそれでは自分らしい幸せな人生を切り開いていくことはできません。だから娘には徹底して自分の意見を持つ力を鍛えてほしかったのです。

それから私が心がけていたのは、必ず反対意見を出すということ。人は、反対意見を出されることに慣れていないと、傷ついたり、反発したりしてしまいますが、**普段から反対意見も聞いて議論する癖をつけていれば、『そんな考えの人もいるんだ』『それは取り入れてもいいな』と、人の意見を柔軟に受け入れられるようになるからです。**

また、**日々の問いかけは、基本的にＹＥＳかＮＯでは答えられない質問にしていました。**『今日は元気？』だと『うん』で終わってしまうので、『今日はどんな気分？』と聞く。その積み重ねで、娘は着実に、自分で考える癖がついていきました」

ポイント❸　自然の中でたくさん遊ばせる

「家事の時間も遊びに変え、料理を一緒に楽しんだり、夫が大きなスコップで庭仕事をしている間、娘にはシャベルを持たせて存分に土遊びをさせたりしました。自然の中でのピクニックや公園でのランチ、公園の池でボートに乗ることもしょっちゅう。ボードゲームでもたくさん遊びました。また、夫が大のスポーツ好きだったので、娘がまだ小さかった頃から色々な外遊びも取り入れました。2歳からスケート、3歳からスキーやローラーブレード。その他、**テニスやサッカーなどたくさんのスポーツやゲームをさせることで、ルールを守ることを覚え、『負けたことから立ち上がる』という経験を重ねることができました**」

スカイさんが小学校時代は、学習塾などに通わせることは一切せず、**習い事のない日の放課後は暗くなるまで、校庭で友達と遊ばせました**。ボークさんは多忙なワーキングマザーでしたが、「早く帰ろう」などと急かすことをせず、校庭の隅で仕事をしながら気長に待っていたそうです。

「楽しいことをしているとき、人は自然に笑顔になり、心が元気で満たされます。生きる喜びを得るためには、ポジティブなエネルギーで満たされることが何よりも大切なこと。そう考え、子どもが幼少の頃から、遊びの時間を何よりも優先してきました」

ポイント❹　親が先回りせず、どんどん失敗させる

ボークさんは、スカイさんが宿題を忘れていそうだな、と気がついたとしても、「宿題しなさい」とは言わなかったそうです。

「失敗からしか、人は学べないと思うからです。また、**実際に宿題を忘れてしまっても、『なんで忘れたの？』と責めることは絶対にしませんでした。**忘れてしまったものは仕方がないから。責める代わりに、『なるほどね。忘れることがあるよね。では、忘れないためにはどうしたらいいと思う？　ママは本当に忘れっぽいから、ノートに書いているの。ほら、こんな風に』なんて、**子どもが自分で考えて自分で対策を考えられるようにアドバイスをすることを心がけていました**」

ボークさんが子育てにおいて先回りをしないことを心がけてきたのは、深い理由がありました。「これも一つの愛の形ではあるのですが、私自身は親から『こうしなさい』『あなたのためを思って』と何もかも先回りをして教えられ、失敗を回避してきた子どもだったので、失敗することを何よりも恐れるようになりました。それから失敗してがっかりさせるのが悪いと思って、ちょっと難しそうだなと思ったらあえて挑戦もしませんでした。

でも、**小さいうちから失敗を経験していれば『じゃあどうすればうまくいくかな』と考えるようになる。試行錯誤で再チャレンジをして、成功体験を得ることで回復力や、やり抜く力も身に付きます。**子どものうちは、自分で責任を取れないほどの大きな失敗はありませんから、どんどん失敗させたほうがいいと思い、実践してきました」

ポイント❺ 「よかったね」ではなく、プロセスを褒める

例えば、テストでいい点を取ったときや発表会などでうまくいったとき、「よかったね」だけで終わらせずに、プロセスを再確認することを心がけたそうです。

「『あの場面、すごくよかったね。どうやったらあそこまでできるようになったの？』と、必ずプロセスについて触れるんです。そうすれば子どもは、プロセスを思い出す過程で、できなかったことができるようになったんだということが再確認でき、それが自信となって、次の挑戦へとつながります」

「子どもがした努力に目を向けず、結果だけ見ていたら、１００点でなかった場合に『もっと頑張らなきゃ』と子どもを否定してしまうと思うんです。そんなふうに育てられると、その子の自己肯定感はどんどん低くなってしまう。日本人は自己肯定感が低いとよく言われますが、それはプロセスを見ず、結果だけに目を向けようとする習慣が大きく影響しているのでは」とボークさんは指摘します。

学校でも家庭でも非認知能力を育むことにフォーカスした教育を受けた結果、スカイさんは自分のやるべきことを理解し、進んで勉強する子どもに成長していきました。いわゆる〝ガリ勉〟とは無縁の生活のまま、高校４年間の成績は一つを除きすべてＡの成績を取り、ＳＡＴ（日本のセンター試験のようなもの）ではほぼ満点を取りました。

習い事選びで考えるべきは「子どもがパッションを感じられるか」

スカイさんは習い事のバレエでもプロから声がかかるほどの腕前。ボークさんが、子どもの習い事を選ぶ際に考えたことはたった一つ。「子どもがその習い事をすることでパッション（情熱）を持てるかどうか」でした。

「子どもが心からのパッションを傾けられるものに出合えれば、非認知能力は必ず伸びていきます。**パッションがあれば、主体性を持って行動するようになるので、どんな困難が立ちはだかっていても、努力や挑戦を続けることができる。**何かに挑戦をすれば、必ず障害が起きます。それを何度も乗り越えるという経験を積むことが、回復力ややり抜く力を鍛え、自信や自己肯定感を育み、生きる力を強化することにつながっていくのです」

娘のスカイさんが「パッションを傾けられるもの」に出合うため、ボーク家では、数多くの習い事にトライしたそうです。基本的には短い期間で試し、続けたいものは続けるという方針で、常時二つの習い事をさせていたそう。

「テニス、水泳、スキー、器械体操、サッカー、バスケットボール、セーリング、乗馬、ピアノ、バイオリン、陶芸、ミュージカル、ボイストレーニングなどさまざまなものを試しました。**短いものは1～3カ月、長いものでも半年や1年といった単位で区切りをつけ、合計で15個ほどの習い事にトライしてきました**」

最終的にスカイさんが選んだのは、5歳から始めたバレエ。「始めてすぐ、娘がバレエにパッションを感じていることが分かりましたし、実際、バレエに出合って以降、一度も辞めたいと言いませんでした。バレエも男性ダンサーと二人で踊るようになると、相手の腕の中に全力疾走で飛び込んでいってポーズをとったり、高く掲げられたりといろんな高度な技が入ってくるのですが、娘は『怖いけど大丈夫』と言っていました」

子どもの頃から続けているバレエで、プロから声がかかるほどの実力を持つスカイさん

親から見て「上手なもの」が最適とは限らない

スカイさんはバレエを選びましたが、実はバレエよりももっと向いている競技が別にあった

そうです。

「娘は本当は競技スキーのほうが向いていて、レースチームに入るように何度も誘われました。というのも、雪国に住んでいて毎日のように滑っている男の子と競争をしても、年に1回しか滑らない娘が、全く遜色がないほどだったからです」とボークさんは振り返ります。

多くの親は、「努力しなければ勝てないバレエより、最初から人より抜きん出ている競技スキーをやらせたほうがいい」と考えるところだと思いますが、ボークさんはそうは思わなかったそうです。

「娘は競技スキーにそれほど興味を示さなかったためです。仮に競技スキーでオリンピック選手になれたとしても、本人は達成感を感じることはありませんし、そこに幸せはありません。**習い事はあくまでパッションを育むことと人間力を育成することを目的**としていたので、バレエに絞ることに迷いはありませんでした。でも娘はスキーも大好きで、今では一番の趣味の対象としています」

パッションを持てる習い事の見つけ方、5原則

「一度始めた習い事は、どんなに子どもが嫌がってもなんとか頑張らせ、続けさせなければ根性が育たない」などと考える人も多いかもしれません。ですがボーク重子さんは、その考えとは反対だといいます。

「人生には大変なことがたくさんあるものです。ですから、**習い事くらいは純粋に楽しめ、情熱を注げるものだけにしてあげたい**。パッションがあれば、多少困難があったり、伸び悩んだり怠けたくなったりしたときでも乗り越えていけるはずですから。それが結果的に、社会で生きていく力を身に付けていくことにつながるんです。

私たち大人だって、好きではない仕事を『あなたは人より上手にできるから、この仕事をやりなさい』と言われたらイヤですよね。それは子どもでも同じです」

子どもがパッションを持てる習い事を見つけるために、ボークさんが自らに課してきた決め事が5つありました。

① 数多くの選択肢を示す

「習い事を選ぶのは子どもですが、子どもは機会を与えられなければ選ぶことはできません。数多くの経験をさせて、選択肢を広げてあげるのは親の仕事と考え、数多くの習い事にチャレンジさせてあげることを心がけてきました」

② いろいろな人に会う機会をつくる

「人間は自分以外の他人から非常に多くの影響を受けるもの。子どもの世界を大きく広げてあげられるように、全く異なるバックグラウンドを持つ人と接触させる機会をたくさんつくるよう意識してきました」

③子どもの「フロー状態」を見逃さない

「子どもが、周りの音が聞こえないほどの極度の集中状態に入ることを『フロー状態』に入るといいます。それはまさに、子どもがパッションを感じている瞬間に他なりません。自分の子どもが新しい習い事にチャレンジしている時には、フロー状態に入っているか否か、注意深く観察するよう心掛けました」

④好きなことが見つかるまで探し続ける

「好きなことは、ある日突然天から降ってくるものではなく、探さなければ見つからないものです。これぞ、という習い事になかなか出合えなくても、いつか必ず見つかると信じ、気長に探し続けました」

⑤ 始め方、やめ方のルールを決めておく

「さまざまな習い事にチャレンジしてきたといっても、手当たり次第に手を出してきたわけではありません。新しい習い事を始める際には、必ず『3カ月』『半年』といった期限を設け、期限内は辞めずに頑張る、という親子ルールを設け、それを貫いてきました。また、同時期にやる習い事は二つまでとし、次にやりたいことが出てきてもすぐに飛びつけない仕組みにしたことで、思い付きで行動せず、自分がやりたいことは何かをじっくり考える習慣を身に付けさせました」

それでは、パッションを感じられる習い事が見つかった後は、どうしたらいいのでしょう。

ボークさんが心がけてきたのは、バレエを習い始めたスカイさんに**「何のためにやるの？」という質問を繰り返すこと**でした。

「目的意識を明確にさせるためです。こうした質問を繰り返されると、子どもは自分から目的を意識するようになります。それも上手になりたいといった自己実現の目的から、次第にもっと大きな目的を持てるようになってきます。**社会の一員としての自覚が出てくるのです。**娘が出した答えは『キラキラしたきれいな舞台を見てもらって、みんなに楽しい気分になってもらう』というものでした。自分一人のためじゃなくもっと大きな何かのために、そんな大きなビジョンが描けるようになると、さらなる努力ができるという好循環が生まれ、大きな成長につながっていきます」

ボーク重子さん

＼ボーク重子さん・スカイさんのストーリーに学ぶ／

「頭がいい子」が育つ家庭の“方針”

方針 11

子どもに**裁量権**を与え、**主体性**を育てる

方針 12

挨拶や手伝い、礼儀を重視し、**家族の一員としての自覚**を持たせる

方針 13

親子の対話を通して**「自分の意見を持つ」**ことを徹底する

方針 14

習い事は**「子どもがパッションを感じられる」**ものだけを選んで続ける

ボーク重子さん

ICF会員認定ライフコーチ、アートコンサルタント。福島県出身。米・ワシントンDC在住。30歳の誕生日前に渡英、ロンドンにある美術系大学院サザビーズ・インスティテュート・オブ・アートに入学。現代美術史の修士号を取得後、南仏の語学学校で、米国人である現在の夫と出会う。1998年渡米、出産。2004年にアジア現代アートギャラリーをオープン。06年にワシントニアン誌上でオバマ前大統領（当時は上院議員）と共に「ワシントンの美しい25人」の一人として紹介される。また、一人娘スカイは2017年「全米最優秀女子高生」コンテストで優勝。現在は全米・日本各地で講演会・ワークショップに加え「ボーク重子の非認知能力を育む子育てコーチング」を主宰。著書に『心の強い幸せな子になる0 ～ 10歳の家庭教育「非認知能力」の育て方』（小学館）『「全米最優秀女子高生」を育てた教育法 世界最高の子育て』（ダイヤモンド社）等。shigekobork.com Instagram@shigekobork

「頭がいい子」が育つ家庭習慣 5

親も一緒に成長する

お茶の水女子大学名誉教授 内田伸子さんの視点

ここまで、子どもの力を伸ばすための親の関わり方について見てきました。最後に内田さんは、ママ・パパや保育者に向けて、5つの「大切にしてほしいこと」を提案します。

1. 子どもに寄り添い、信頼関係を築き、「安全基地」になること

2. 他人と比べず、**その子自身の「進歩」**を認めて褒める
3. 「生き字引」のように余すところなく**定義や解説、回答を与えない**
4. 裁判官のように**「判決」を下さない。**禁止や命令でなく**「提案」をする**
5. **子ども自身が考え、判断する**余地を残す

このような、大人が子どもの主体性を大事にした関わりをすることで、自分で考えるという自律的思考力や、創造力の基になる想像力が育ち、それが将来の学力の礎になっていくと内田さんは指摘します。

とはいえ、働く親にとっては、1日の中で子どもと過ごせる時間はわずか。子どもの歩みをじっ

くりと待つのが難しいと感じる場面もあるでしょう。忙しい毎日の中でつい子どもにイライラしてしまい、「勉強しなさい！」「片づけなさい！」などと、強い言い方をしてしまうこともあるかもしれません。

「でも、焦る必要はないのです」と、内田さん。

「わが子が何もできなかった赤ちゃんの頃を思い出してください。初めて立ち上がり、1歩ずつ歩き始めた日、言葉を話せるようになった時期のやり取り、自分で身支度ができたときの誇らしげな表情……。素晴らしい成長に感動するはずです。子どもと一緒にいられる時間はあっという間に過ぎてしまうもの。この時間を大切に楽しみながら、子どもと一緒に親も大きくなってください」。そう内田さんはアドバイスします。

親も一緒に成長する――。それを体現したのが、ベビーシッター事業などを手掛けるマザーネットを創業した上田理恵子さんです。

上田さんは、ダイキン工業でフルタイム勤務をしていた27年前に長男を、25年前に次男を出産。まだ共働きに対する世間の理解が乏しく、平日に行われる小学校の授業参観に行くこともままならなかった時代に子育てをしてきました。そんな多忙な共働き家庭で育った息子たちは、ともに教育分野に目覚め、長男は京都大学の大学院に進んで食育について研究、次男は関西学院大学の大学院に在籍し、男性保育士の在り方について学ぶために、現在はデンマークに留学中です。

二人とも、親によるサポートはなしに、自分たち自身で目標を定め、進路を決め、それに向かってコツコツと努力を重ねてきました。そうした自律性が養われた背景には、親によるどんな働きかけがあったからなのでしょうか。母親である上田さんにお話を伺うとともに、長男の遥さん本人にも「子ども側の目線」で語ってもらいました。

まず自らが起業の夢実現、子の手本に

マザーネット社長　**上田理恵子**さん

「保育園時代は、子どもを連れて自宅に帰るのが、毎日午後7時頃。午後9時に寝るまでの間は食事や入浴で大忙しでしたが、**わずかな時間でも絵本を読んだり、親子でトランプをしたりするようにしていました。**『今日は神経衰弱を1回だけね』という日もありましたけど、神経衰弱は本当によくやりましたね。記憶力向上にもつながりますし、年齢関係なく下の子が勝つこともあって、みんなが楽しめますから」。マザーネット社長の上田理恵子さんはそう振り返ります。

マザーネット社長　上田理恵子さん

「先取り学習」はしない

小学校に上がる前後では、あえて、自宅で「勉強の先取り」を行わないことを意識していたそう。

「小学校入学前にひらがなや計算を教える方もいるかもしれませんが、私は一切教えませんでした。**学校の授業をしっかり聞いてほしかったから。**担任の先生から『授業中、ずっと見つめられて大変です』と言われたくらいなので、『絶対聞いてやる』という意識があったのでしょう。周りにはすでに、ひらがなや計算が上手な子もいたので、自然とやる気が出たみたいです。左右逆の鏡文字もよく書いていましたが、私は『かわいいな』と思うだけで、指摘すらしませんでした」

先取り学習をして自信をつけさせ、好スタートを切らせてあげることが大切、という人もいます。先取り学習を一切しなかったことで、何か不都合なことはなかったのでしょうか。

「しいて言うと、水泳はもっと親が関わって、やらせておいてあげるべきだったかと思います。子どもたちが通った小学校では、当時は泳げることが前提で授業が進んでいて大変だったので。ただ、それ以外は、**本人にゼロから学ばせて正解でした。**私自身も今、大学で教えたりもしているので、なおさら、『授業をきちんと聞く』ことが学びにおいて非常に大切だと実感しています」

本人の学ぶ意欲や学ぶスピードを重視し、「勉強しなさい」と言ったことは一度もないという上田さん。**「勉強ができなくても、困るのは自分。それに自分で気づくことが大切だと考えています」**と言います。

「実は、私自身も親から『勉強しなさい』と言われたことがありません。勉強しなくて成績がガタっと落ちて、自分で気づいて軌道修正した経験があったので、子どもたちにも同じようにしようと考えました」

「勉強ができなくて困る」ことに気づかせる

「長男と次男とは少しタイプが違って、実は、おっとりぎみの次男に対しては、学校の勉強でつまずいていないか、宿題はちゃんとできているか、たまにこっそり確認していました。ただ、私自身も押し付けられるのが苦手なので、押し付けないよう注意はしていましたね。

その代わり、**息子たちに読んでほしい本をさりげなくリビングのテーブルに置いておいたり、いいメッセージがあればトイレに貼ったりしていました。**長男は、山ほど本を読むようになりましたし、モンテッソーリ教育の本なども置いていた影響からか、次男は幼児教育の道に進み、保育士の資格を取りました」

長男の遥さんは、中学校に入って最初の中間テストでは、真ん中から少し上くらいの成績でしたが、**「もうちょっと頑張らなくちゃだめかも」と自分で気づいてからは、自主的に勉強に取り組み、めきめきと成績が上がっていった**と言います。

「僕は普通の地元の公立中学校に通っていましたが、初めての中間テストでは全然点数を取れなくて……。試験勉強のやり方が分からない、と自分から相談し、母と一緒に勉強の習慣を見直しました」(遥さん)

勉強のやり方、時間の使い方は自分で考えさせる

遥さんは当時をこう振り返ります。

「当時、僕はプロ野球選手を目指して、地域の野球チームに所属していました。中学校の野球部には入っていませんでしたが、その分、平日夕方は毎日自主練をし、土日はずっと野球チームの練習や試合がありました。普通、中間試験や期末試験までの勉強期間は２週間程度だと思うのですが、野球優先で、あまり勉強の時間が取れなかったため、試験１カ月前から勉強の計画を立てました。

母に言われて、自分が勉強に使える時間をノートに書き出してみると、30分、1時間といった具合に、細切れでも時間があることが分かりました。そこで、その時間を逃さないようにして、計算問題をしたり、英単語を覚えたり……。そうやって勉強していくうちに、どんどん成績が上がっていき、自信をつけることができました」（遥さん）

親自身も勉強する姿勢を見せる

いったん、勉強のやり方を覚えたら、あとは一切親に頼ることなく、自主的に勉強を進めるようになったという遥さん。自主性が身に付いた背景には、**母親である上田さんが勉強する姿を日常的に目にしてきた**ことも大きな要素のようです。

「子どもたちが小学生だった頃、私は、国内旅行業務取扱管理者の資格取得を目指して勉強していたのですが、試験に落ちてしまったんです。それで、問題と答えをトイレの壁に貼って、隙間時間も惜しんで勉強していました。当時、小2と小4だった子どもたちが応援してくれて、『〇〇温泉は何県にあるでしょうか？』って問題を出してくれて。親子逆ですけどね（笑）。

隙間時間で猛勉強し、なんとか合格するまでの飾らない姿をじっくり見せたことで、子どもたちも自然と、学ぶ姿勢を身に付けてくれたのかもしれません」

「息子たちに勉強しなさいと言うことは一切なかった」という上田さんですが、**息子たちが幼い頃から「将来の夢」については積極的に話題にし、親子で夢を語り合うことを習慣にしていた**と言います。

「寝る前に、絵本をたくさん読み聞かせしていたのですが、子どもたちが3歳と5歳ぐらいのときから、その読み聞かせの時間を少し減らして、お互いの夢を語り合うようにしていました。長男の野球選手になりたいという夢も、その頃から長男が口に出していたものです」

上田さん自身は、「お母さんは、保育園の保育参加や小学校の授業参観に自由に行ける会社をつくりたい」と話していたそう。「そんな風に、夢を語り合いながら、子どもたちと手をつなぎながら眠りにつくのが毎日の習慣でした」

「夢は努力すればかなう」を、まずは親から実践

「会社をつくりたい」という夢を口にしていたとはいえ、すぐに勤め先を辞めるつもりはなく、「定年後くらいでもいいかな」とのんびり構えていた上田さんを、突如として起業に駆り立てたのは、長男とのあるやり取りでした。

「２００1年、小3だった長男が、『僕はイチローほど才能がないと思う』と言い出し、野球選手の夢をあきらめようとしたんです。そのとき、私はものすごく叱りました。『**とことん努力してみて、それでアカンかったら次のこと考えたらいいから**』『**お母さん頑張ってお仕事して、バッティングセンター代出すから**』と。いつも怒らない私が珍しく怒ったので、長男は泣きました。翌朝、長男が『やっぱりイチローになれるように頑張る』と言ってきたのです。

そして、長男はこう続けました。『**お母さん、最近自分の夢を言わなくなったけれど、お母さんこそ夢をあきらめてるんちゃうん？**』と」

会社設立資金が、手持ちのお金では足りなかったので、「まだお金がたまってないから、無理なんよ」と伝えたところ、長男が小遣いから１２００円、弟が６７６円、「これを使って」と全財産を持ってきてくれたと言います。「感謝しつつも、その金額ではまだ足りないことを伝えたところ、兄弟でお年玉までかき集めて、『**あと25万円あげるし、これからもらうお年玉も全部あげるから、お母さん会社つくって**』と言われ、引くに引けなくなりました。ここで引いたら、子どもたちが夢を描けなくなると思ったんです」

子どもたちに背中を押された形で、会社に辞表を出し、持ち株を売却して起業資金を工面。４カ月後に会社を設立しました。それがマザーネットです。

トラブルや苦労話も、言葉を選びながら全部伝える

起業は、ちょうど上田さんの夫が単身赴任だった時期とも重なり、子どもたちにはさまざまな苦労や心配をかけたといいますが、上田さんは**事業を軌道に乗せていくまでのプロセスを、理想通りにいかない現実も含めてすべて、子どもたちに包み隠さず伝えるようにしてきた**と言います。

「『社会のために尽くすこと』は大切だけれど、すべてかなえるのは難しい。社員にちゃんとお給料を払いたいから利益はしっかり出さなくてはいけないが、サービスを利用される方には、できるだけ安く利用していただきたい。そういった葛藤の中で苦悩する姿も見せてきましたし、なぜ働くのか、会社を通じてどんな夢を実現させたいのか、納税することの意味とは、といった考え方も、全部伝えてきました。思春期になると、何を話しても『けっ』と言われる

だけですから（笑）、きちんと聞いてくれる小さな頃から話しておいてよかったと思います」

長男の遥さんは、母のこうした姿勢を、どう受け止めてきたのでしょうか。

「母の仕事は何度も危機があり、そのたびに心配もしましたが、ほとんどが、1カ月くらいたったら危機を脱していました。**ピンチに直面しても打つ手はあるということが学べた**ことは、僕にとっても大きかったです。母は、トラブルや苦労も、愚痴にならないように、言葉を選びながら僕たちに話してくれました。そういう配慮もありがたかったですね」（遥さん）

「何も押し付けない」ことがいい意味でのプレッシャーになる

遥さんは、小3で「野球選手になる」という夢を取り戻してからは、夢の実現に向けて、納得のいくまで努力を続けました。京都大学の農学部に進んでから入った京大の野球部では、関西学生野球リーグのベスト9に2度選ばれ、大学4年生のときには大リーグのテストも受けたと言います。「残念ながらプアランクと判定され、プロ入りはかないませんでしたが、そこまでやったので、もう後悔はありません。野球をすっぱりやめて、今は食育分野の研究に全力を注いでいます」（遥さん）

ちなみに上田家では、長男も次男も公立中学に進みました。

「公立中への進学は、私自身も非常にこだわったところです。社会に出たらいろいろなタイプの人がいます。特に起業をして多くの方々のお力を借りた際に、そう痛感したので、**家庭の教育水準も収入の状況も似たような人とだけではなく、多様な人たちと一緒に学んで、多様な価値観を身に付けることが大切だと考えました。**公立中学

長男の遥さん（左）と上田さん

で息子が他の生徒さんに殴られて帰ってきたときも、この考え方は揺るぎませんでしたね」

最後に、「押し付けない」「子どもの自主性に任せる」を大方針とする家庭で育った遥さんに、自分が育った環境を振り返ってどう感じているか、語ってもらいました。

「何も押し付けられないことで、自分が何をやりたいかを常に自分で考えなければならないという、いい意味でのプレッシャーがありました。周囲には、高い学歴があっても、就職の段階になっても自分が何をしたいのか分からない人もいます。そういう意味では、**主体的に考え、何事も自分で決める経験を積んできたことは、自分自身の財産**だと思っています。

僕はこの3月に博士号を取得し、大学院博士課程を修了しましたが、親からは、早く就職しなさいとも特に言われていません。焦ることなく、これまで取り組んできた食の分野で、次世代の教育にどう貢献できるか、じっくり道を模索していこうと思っています」（遥さん）

＼上田理恵子さんのストーリーに学ぶ／

「頭がいい子」が育つ家庭の“方針”

方針 15

勉強のやり方、時間の使い方は自分で考えさせ、**自律性を育てる**

方針 16

親自身が学ぶ姿勢を見せ、**子どもの勉強意欲を刺激する**

方針 17

親子で「**夢**」を語り合い、仕事に対して**ポジティブなイメージを作る**

方針 18

親の失敗や困難も正直に伝え、**共に成長する**

上田理恵子

マザーネット代表取締役社長。1961年鳥取県生まれ。大学卒業後、ダイキン工業入社。2001年マザーネット創業。家庭に「ケアリスト」と呼ばれるスタッフを派遣し、家事・育児の細かいニーズにこたえるサービスを開始。保活コンシェルジュサービスや、長期休み中の子どもの自然体験スクールの開催など、ワーキングマザーを総合的に支援する事業をきめ細かく展開している。女性のチャレンジ支援賞（内閣府・男女共同参画担当大臣賞）、関西財界セミナー賞2010輝く女性賞等、受賞多数。2男の母。著書に『働くママに効く心のビタミン』（日経BP）

第2部

賢者の提言

～「頭がいい人」たちが語る「子どもの伸ばし方」～

学問や教育の世界で抜きんでた実績を持つ人たちは、家庭での親の関わり方についてどう考えているのでしょうか。ここからは３人の「賢者」が子どもの可能性を伸ばすための家庭教育のコツを語ります。

「頭がいい子」が育つ家庭習慣 6

「熱中体験」で地頭のいい子を育てる

脳科学者
茂木健一郎さん

脳科学者の茂木健一郎さんは、日本の将来を考えると、単に「テストの点がよくて勉強ができる」というよりも、「地頭のいい子」に育てるほうがよいと話します。地頭がいいとはどういうことを指すのでしょうか。

「**地頭のよさは『変化に適応できる』ということです。**人間が生きるとは、まさに変化に適応していくということです」と、茂木さん。

「お子さんが生まれたときのことを思い起こしてみましょう。オギャーと泣くばかりで、排せつ一つとっても、親におむつを替えてもらわないといけませんでしたね。それが、おまるでおしっこをできるようになり、手伝ってもらいながらもトイレでできるようになりました。入園し、幼児クラスになれば、だいたいの子どもは1人でトイレに行けるようになりました。そんな風に成長する間に、子どもの脳、体、親との関係性はどれほど大きく変化したことでしょう。それをやり遂げたわが子は、まさに『変化に適応』してきたのです。

排せつだけではありません。手づかみでご飯を食べる。1人で歩く。10まで数えられるようになる。ひらがなを覚える。小学校で友達をつくる。どれもこれもみな変化への適応です。**こうした変化に、その子なりに適応し続けられる子。それが地頭のいい子です**」

変化への適応は親世代にも必要だと言います。

茂木健一郎さん

「我々は働く環境が激変する時代に生きています。人工知能の台頭によって、今ある仕事がなくなるかもしれない。そうしたら新しい仕事を探さなければなりません。もっと身近な例で言うと、会社が突然、外資系になるかもしれません。社内の共通語が英語になる。適応できますか？

ましてやわが子が大人になったときの社会がどうなるか。これはますます分かりません。そんなときに必要なのが変化への適応力、つまり地頭のよさなのです」

何かに熱中する体験が地頭をよくする

何かに熱中し、人より秀でていることはこれからの時代、ますます必要となります。そう言われると、英語もプログラミングもと、あれこれ探してきて、やらせたくなるのが親心ですが、こんなとき、地頭のよい子の親はどうしているのでしょうか。

「**実は『子どもに自分で選ばせている』のです。**運動、絵画、音楽、自然科学、絵本、工作、コンピューター、英語など色々なものを少しずつ体験させるのはいいと思います。でもその後は、やりたいことを子どもに選ばせて、それにとことん熱中させてあげてください。

一つのことを突き詰めていく学びは、今はやりのアクティブラーニング＝探究学習です。この力がつくと、他の分野にも応用が可能になります。**自分が選んだテーマに対する強い好奇心と探究心。これこそ地頭がいいということに他なりません**」

この点について、茂木さんは「手前味噌になりますが、僕の母はいい仕事をしてくれました」と語ります。

その道の「一流」に触れさせる

「僕は5歳のときに昆虫の蝶に興味を持ちました。すると、母は近所に住んでいる昆虫が専門の大学生に話をつけて、彼に弟子入りをさせてくれたんです。僕はその大学生に専門的なことを教えてもらい、図鑑や専門書も使って蝶の研究を深めました。そして、次に母がやったこと。それは、いきなりの頂上作戦でした。**小学5年の僕を、蝶研究の大家の研究室へ連れて行ってくれたのです。**普段は『勉強しなさい』などと全く言わない母がです。一流の大学教授の話、さまざまな資料にあふれた研究室の雰囲気……。そのときの深い感動は今も僕の脳裏に深く刻み込まれています。

ですから、バレエに興味がある子なら、ぜひ一流の舞台を見せてあげてほしい。できるなら、楽屋に入れてあげるとか、ダンサーと接する機会をつくってあげてください。ポップミュージックが好きなら、ライブへ行くだけでなく、リハーサルやバックステージなど『現場』を体験させてあげてほしい。**本物に触れる感動はとても大切です。本物を見た子の脳は本気になります**」

「自分ならできる」と思える子に育てるには

親の中には「うちの子はもう3年生なのに何が好きなのか分からない」といった悩みを持つ人もいます。そんな悩みに対して、「問題ありませんよ」と、茂木さん。

「やりたいことは『出合い』です。**出合いには人によってタイミングがあるのです。**僕自身も脳科学の世界に出合ったのは30歳のときです。英語に目覚めたのは、『赤毛のアン』の原書に触れた高校時代です。

お子さんも、これから中学生になってから、尊敬できる医師に出会って、医師を志すかもしれません。出合いはいつ、どこにあるか分かりません。ふんわりしている子の親御さんは、色々なものを見せてあげることを常に意識しておくといいですね。

そして、**その子がやりたいことに出合ったときは、『僕／私には無理かも』と思わない子に育てておくことが大切です。**また、他人や兄弟との比較もＮＧです。自分が選んだ興味の対象に『とにかくやってみよう』とポジティブに進んでいける子こそが、地頭を伸ばせるのです」

と、茂木さんは話します。

ゴールは理三より遠くであるべきだ！

東大、早慶、それとも留学……。子どもの進路を考える上で、具体的な学校名をイメージしている親もいることでしょう。日本の大学の最高峰は「東大理科三類」と言われています。

しかし、茂木さんは「あえて言います。**僕は『東大理三』を到達点とは考えてほしくないのです**」とキッパリ。

「子どもが本当にやりたいことを見つけたら、子どもの脳の中には将来へのマップが作られます。**そのマップのゴール地点は、大学名・学部名ではありません。**僕は幼児の頃は蝶の研究をしようと思っていて、蝶博士になることが目標でした。小学5年でアインシュタインの伝記を読んでからは、一番やりたいことをするには物理学のほうが近いということが分かり、物理学者を志した。そのために大学の物理学科に行きましたが、そこは通過点にすぎませんでした。

ピアニストになりたいという人は芸術大学を志します。芸術大学がどんなに難関であっても、ピアニストになろうという目標がある限り、大学合格はゴールではありません。ピアニストとして自分のコンサートを開いた瞬間、ようやく到達できたと思うのではないでしょうか。

となると、お子さんのゴールが『東大理三』でいいと思えますか？　もちろん、偏差値ピラミッドの頂点に位置する超難関です。募集人数が少なく、もともと地頭がいい子が合格のための猛勉強をしなければ、簡単に入れるところではありません。成績がいい生徒たちの中には『最難関だから』入りたいと、やりたいことも我慢して、チャレンジする子もいます。しかし、そういった人たちのマップは、合格の先に何があるでしょうか。理三で何をするのか描かれているでしょうか」

理科三類に入ると、ほとんどが医学部に進みます。

「医学者になって研究したいことがある、だから理三に入りたいのだ、というならいいのです。彼らのマップには理三合格のもっと先にゴールがあるからです。青春時代は、自分がやりたいことのゴールを見つけ、人生の壮大なマップを作る時期です。**理三に受かるほどの学力がつかなかったとしても、好きなことをとことんやっていたほうが地頭は伸びる。**僕はそう思います」

親が安全基地になり、リスクテイクできる子に育てる

もう一つ、茂木さんが「親御さんにしてほしいこと」として挙げるのが**「子どもがやりたいことを見つけるお手伝い」**です。

「人工知能の発達によって、職業のヒエラルキーが変わり、勉強ができる子だけに幸せな将来が待っているという方程式が成り立つ時代はもうすぐ終わります。**いい子＝学歴がある、い**

い子＝テストでいい点が取れることは、この先、あまり意味がなくなっていくでしょう。なぜなら、すでにある道を黙って歩くいい子しかいなくなったら、日本は発展性を失うからです。

これからはチャレンジ性が求められる時代です。いくら学歴があっても、自分からどんどんチャレンジできなければ、社会で活躍することができない時代がやってくる。ですから親御さんは、ぜひ子どもの安全基地になり、チャレンジできる子を育ててほしいのです」

うまくできた瞬間に褒めると、子どもの脳に奇跡が起きる

子どものいいところを見つけて、気づかせてあげることも、親の役割です。ただし、褒め方にはコツがあると茂木さんは言います。

「よく〝褒めて育てろ〟といいますが、顔を合わせるたびに『おまえはすごい』『天才だ！』と言っても効果はありません。そこには言われた本人が納得できる情報が何もないからです」

では、どんなタイミングで褒めればいいのでしょうか。

「子どもを注意深く観察し、子どもがチャレンジして、うまくできた瞬間に褒めることが大事です。これはコーチングの中でも相当、難易度が高いワザです。けれども、**子どもが変化した瞬間をとらえ、褒めてあげると、子どもの脳に奇跡が起こります。子どもは褒められると、自己承認欲求が満たされ、脳にドーパミンが分泌されます。すると、脳の神経回路が強化され、脳が豊かに発達するのです**」

茂木さんも人生で2回ほど忘れられない経験をしたそうです。1回目は幼稚園のとき。茂木さんは字をうまくなりたくて、みんなは園庭で遊んでいるのに、一人教室に残って、「あ」の字を書く練習をしていました。

「100回も『あ』の字を書いたのは、後にも先にもこのときだけですが、大好きだったアライ先生はたまたま見ていたのでしょう。『けんちゃん、えらいわね』と褒めてくれたのです。**そのとき褒めてもらったことがうれしくて、僕は人よりたくさん努力をすることは大事なのだということを、子ども心につかみました**」

2回目は、小学校6年生のときです。当時の担任のコバヤシ先生が、水泳が苦手な茂木さんを、あえて水泳の選抜メンバーに選んだのです。

「僕は水に入ると体がこわばってしまい、なかなか浮かなくて、とにかく水泳が苦手でした。とにかく練習するしかありません。1週間くらい毎日泳ぎ、疲れが

出てきた頃、コバヤシ先生は僕に、『あとちょっとガマンすれば、疲れがすっと抜けて、記録が伸びるからな』と言いました。

僕は本当かなあと半信半疑のまま練習を続けていました。すると、ある日、突然水がつかめ、記録がグンと伸びた。そして、僕がプールから上がった瞬間、ストップウオッチを手にしたコバヤシ先生がこう言ったのです。

『茂木！　今のだ！　分かったか！』

あれは見事でしたね。**自分でもできた、という瞬間でした。それを先生が見ていてくれた。褒めてもらえた。そのことが僕の脳に奇跡を起こしたのです**」

お父さんもお母さんも、注意深く子どもを観察して、こんな瞬間をとらえてあげてください、と茂木さん。

「忙しくてとても無理、と思うかもしれません。**難しいけれど、子どもに目をかけ、よく観察することは、最大の愛情表現だと思います。そういう奇跡的な瞬間が年に1回でもとらえられれば十分です**」

地頭がいい子は他者の心が分かる

「地頭がいいということには、他者の心が分かるということも含まれます。**仲間が多い子は間違いなく地頭がいいですね**」と茂木さんは話します。

「他者の心が分かる人はコミュニケーションが得意です。幼稚園や保育園の園庭で遊んでいても、そんな子どもの周りには、自然と他の子どもたちが集まってくると思いませんか？　この子を仮にAちゃんとしましょう。Aちゃんは、周りのお友達の気持ちが、他の子よりもよく分かります。だから、友達の気持ちに気づいて、おもちゃを貸してあげたり、仲間に入れてあげたりすることができます。だから仲間が増えるのです。

他者の内面を察し、理解することができる能力は、4歳から5歳くらいで発達してきます。これを『心の理論（Theory of Mind　セオリー・オブ・マインド）』といいます。**他者の気持ちが分かるということは、これからの時代において、おそらく最も大事なスキルのひとつになる。**僕はそう思っています」

色々な経験をすると、他者の気持ちが分かる子に育つ

では、他者の内面が分かる子に育てるためには、どうしたらいいのでしょうか。茂木さんが、

日常の子育ての中でぜひしていただきたいとすすめるのが、絵本の読み聞かせです。

「**絵本を読んであげるときに、登場人物の内面に気持ちがいくように子どもに働きかけてみてください。**例えば、桃太郎のお話を読みながら、『桃太郎が鬼退治に行くとき、おばあさんはどんな気持ちできびだんごを渡したと思う？』『退治された鬼はどんな気持ちだったろうね』と子どもに問いかけてみましょう。読み終わってから考えさせてもいいと思います。その積み重ねで、子どもが自分以外の人の心を思いやる力は育っていきます」

もう一つは、**子どもに色々な経験をさせることです。**お父さんやお母さんが料理を作っていたら、子どもはそれを見ているだけではなく、自分でもやってみることが大事だと言います。

「お父さんやお母さんが作った料理を出されたときは、残したり、『食べたくない』と言ったりする子も、自分が作ると『ママ、おいしい？』『残したらダメだよ』などと言い出します。自分が体験したことで、お父さん、お母さんが普段どんな気持ちで料理を作っているのか、理解できたわけです。ほんの小さなことでかまいません。登園の支度をする、洗濯物を畳む、ゴミ出しを一緒にやるといった日常のことでよいのです。**お父さん、お母さんは、子どもの身の回りのことをなんでもやってあげるのではなく、できるだけたくさんのことを経験させてあげてください**」

小さい頃から、アウェーの経験を豊富に持たせる

「イギリスのオックスフォード大学の学者で、認知・進化人類研究所所長のロビン・ダンバー氏は、サルの脳を調べた結果から、われわれ人間の友達やうまくいく仲間の数は１５０人までという説を唱えています。これからの子どもたちに大切なのは、１５０人と付き合えるキャパシティーをフル活用することです」と、茂木さん。

「大人になったときに、フィフティー・フィフティーの関係を保てる知り合いが１５０人いたら、まず食いっぱぐれません。まど・みちおさんが詞を書いた『いちねんせいになったら』という歌に『友達１００人できるかな』というフレーズがありますが、そのくらいの心がけがちょうどいいのです」

では、１５０人とのバランスシートを保てる地頭を育てるにはどうしたらよいでしょうか。

「**それには、小さいときから人間関係を広げてあげることです。ホームだけではなく、アウェーでの経験を豊富に持たせてあげましょう。**

例えば、親の知り合いの家に遊びに行って、初めて会うその家の子どもと、どれだけ打ち解けられるでしょうか。いつもと違う公園に行ってみて、その公園に来ている子どもとどれぐらいうまくやれるでしょうか。

自分の家と違って思い通りにならない場所、例えば親戚の家に子どもだけで行かせるのもいいでしょう。サマーキャンプに参加すれば、多様なパーソナリティーの人たちとふれ合うことができます。

保育園や幼稚園も格好のアウェーといえます。ですから僕は**0歳から保育園に入れることには大賛成です。**お父さん、お母さんの愛情が、子育てにおいて重要なのは確かです。しかし、家とは違う保育園のルールに沿って生活すること、友達と切磋琢磨して成長することは、人間関係のバランス感覚を確実に育ててくれます」

誰でも天才になる可能性を秘めている

「ＩＱ＝知能指数は50％くらいの遺伝要因があるといわれています」と茂木さん。逆にいえば、50%は生まれた後の努力や学び方、環境によって変えられるということになります。「そのせいもあって、『天才』は遺伝しません。**天才は凡人である両親から生まれ、天才の子どもは凡人に帰っていくということが歴史的な事実です**」

世界の天才を例に見てみましょう。現代物理学の父アインシュタインの長男ハンスは科学者でしたが、父ほどの功績は残していません。アインシュタインの両親もごく普通の人でした。神童といわれたモーツァルトも、父親は音楽家でしたが、歴史に残るレベルではなかった。長男カールは音楽の道を目指していましたが、途中で断念した後、父の名声に貢献することに人生を捧げています。

では、なぜ普通の親からアインシュタインやモーツァルトといった天才が生まれたのでしょうか。

「それは、彼らを取り巻くネットワークに関連します。生まれ持ったＩＱに時代背景や人との出会いが加わり、何に感動し、何を勉強したのかなど、その子を囲むさまざまなネットワークが作用して、天才が生まれるのです。

そのネットワークは、オンリーワンのものです。天才の家だからといって特別ではありませんから、そんな奇跡のネットワークが、天才の子どもにもたらされる確率はとても低い。だからアインシュタインやモーツァルトの子どもたちは天才にはならなかったのです」

「私は凡人だから、わが家から天才は生まれない」と思っていたら大間違い。天才になるかどうかは、子どもを取り巻くネットワーク次第。奇跡の出会いがあれば、どの子も天才になる可能性があるといえるのです。

親が子どもの安全基地になって、リスクテイクできる子に育てることが大切だと茂木さん。そして、**子どもがたくさんの人と出会えたら、それはリスクテイクできた証拠だと言います。親も子どもの安全基地として立派に務めを果たしたことになります。**

そして、もし、そのなかに奇跡の出会いがあるとしたら……。

「どの子も天才になる可能性を秘めている！　だからこそ、子どもにはたくさんの出会いを経験させてほしいのです」

＼茂木健一郎さんの提言に学ぶ／

「頭がいい子」が育つ家庭の“方針”

方針 19

「熱中するテーマ」を**自分で選ばせる**ことが、探究心を伸ばすコツ

方針 20

親が子どもの安全基地になり、**リスクテイクできる子**に

方針 21

達成できた瞬間を見逃さず、褒めることで、**チャレンジを恐れさせない**

方針 22

アウェーでの経験で**他者への共感力**を育てる

茂木健一郎

1962年東京生まれ。東京大学理学部、法学部卒業後、東京大学大学院理学系研究科物理学専攻課程修了。理学博士。脳科学者。理化学研究所、ケンブリッジ大学を経て、現在はソニーコンピュータサイエンス研究所シニアリサーチャー。著書に『5歳までにやっておきたい　本当にかしこい脳の育て方』（日本実業出版社）ほか多数。

「頭がいい子」が育つ家庭習慣 7

教育はリビングの本棚から始める
～読書を味方につける方法～

サイエンス作家・YESインターナショナルスクール校長
竹内薫さん

朝８時過ぎ、カラフルなリュックサックやランドセルを背負って子どもたちが登校してきたのは、横浜駅にほど近いＹＥＳインターナショナルスクール。ここはサイエンス作家の竹内薫さんが２０１６年に創設したフリースクールです。学校を創設したきっかけは、わが子が大人になったとき、世界のどこでも働けるような人間にするにはどんな教育をしたらよいか、と考えたこと。つまり、ＹＥＳインターナショナルスクールは、グローバル化が進む社会に適応できる子どもを育むことを目標とした学校ということになります。

カリキュラムの特徴は、日本語、英語、そしてプログラミング言語のトライリンガル教育であること。算数や科学、プログラミングなどの授業を英語で行うのはもちろん、日本人の「母語」である日本語を大切にしていて、百人一首や書道などの日本文化もきちんと学びます。

AI時代だからこそ、コミュニケーション能力が重要

竹内さんは人工知能（ＡＩ）の進化がますます進む時代だからこそ「人間コミュニケーション力」が重要になると話します。「既に、機械的に計算したり、パターン化された仕事は、ＡＩのほうが正確で速くできるようになっています。多くの仕事がますます、ＡＩにとって代わられるでしょう。い

竹内薫さん

わゆるマニュアル人間や指示待ちタイプの人は通用しなくなります。そのような社会において、世界に通用する人間に必要なのが、**自分で考えて判断し、発信する力。そしてコミュニケーションを取る能力です**」。その際、必要な言語は日本語と英語とプログラミング言語です。

しかし、プログラミングについては「グローバル時代の必須能力とは思っていないんです」と意外な発言がありました。

「ＡＩにはできない人間同士のコミュニケーションを取る仕事は、グローバル社会においても残るでしょう。プログラミングが苦手な人はそういった仕事を選択する道があります。例えば、弁護士や医師、教師、コンサルタント、セラピストなどです。弁護士は法律の知識を基にして、法廷に立ち、弁論を繰り広げますね。法律を隅から隅まで覚えるのはＡＩに任せればよい。でも、**どんな戦略を立てるかを考え、判断することができるのは人間です**。そして弁護士が相手にするのも裁判官や検事といった人間です。反対に、人とコミュニケーションを取るのが苦手なら、プログラミング言語を使ってインターネット上で発信すればよいでしょう」

インターネットの向こうにもやはり人間がいます。「どちらの場合も大切なのは、自分で考えて発信し相手に伝える力と人間コミュニケーション力なのだ」と竹内さん。「言語がプログラミングであれ、英語であれ、根本にあるのは、向こうにいる人間とコミュニケーションを取るということです」

読書は「発信力」をつけるために大切

グローバル化が進んでも社会の中心はあくまで人間。竹内さんはそのことを大切にしながら、ＹＥＳインターナショナルスクールでの教え方も工夫しています。

「学校のカリキュラムでは、テキストに沿った講義式の授業がある一方で、教師と子どもたちでディスカッションを展開する授業もしています。講義式の授業では、基礎力を身に付け、ディスカッションの際には、自分で考え、調べて、プレゼンテーションをする発信力を身に付けていきます。日本の公立学校ではアクティブラーニングの授業でアウトプット（話す、書くで発信すること）の訓練をしていますが、残念ながら教える側の技能に差があり、練習量も十分ではありません。**グローバルを意識するなら、ぜひ、家庭でも話す、書くといったアウトプットを意識した関わりを持つとよいですね**」

発信する力をつけるために大切なのが「読書」だと竹内さんは話します。

YESインターナショナルスクールの本棚には子どもの本と一緒に難しい本もさりげなく並んでいる

「グローバル時代というと英語を流ちょうに話すというイメージですが、それは30年前のものです。**インターネット時代には『書く』という発信が圧倒的に多くなります。**グローバルに仕事をするならメールやリポート、論文を書くこともあるでしょう。その際、日本語であれば、口語ではあまり出てこない漢語などの語彙や、正しい文法が必要となります。英語でも、その場、その場にふさわしい単語の選び方や言い回し方があります。それが自然に身に付くのが読書です。

また、読書によって、海外の文化や科学の知識を得ることもできます。**本は子どもにとって世界に広がるグローバルの窓なのです。それを子ども時代にいかにたくさん読むかが大事。読書の習慣がある子、ない子の差は大人になったときに大きく出るでしょう**」

そこで大切なのがその子が本を読みたくなる環境をどうつくるか。そして、本棚を充実させることです。

本がある家庭で育つと読み書き、計算の能力に影響

オーストラリアの学者らが31の国と地域で約16万人の大人を対象に行った調査によれば、たくさんの本に触れて育つことは、大人になったときの読み書きや計算などの能力に好影響を与えることが分かりました。16歳のときに家に本がほとんどなかった人は、この調査で行った読み書きと計算のテストで平均を下回りましたが、家に約80冊の本があった人は平均的な点数を得ました（参照：英紙ガーディアン２０１８年10月）。

「ある程度の冊数の本がある環境と、大人になったときの能力に関係があることは明らかです」と竹内さん。それではどんな本をそろえるとよいのでしょうか。

「読むことに興味を持たせるのが目的なので、子どもの関心にタイムリーにあった本がいいでしょう。親があらかじめそろえるよりも、一緒に本屋さんへ行ったり、ネット書店のカタログを見ながら、『どの本が読みたい？』と自分で選ばせるのが一番です。大人もそうですが、人に言われて何かやるのは気が進まないでしょう？　自分で選んだ本なら子どもは進んで手に取ります」

親の本も子の目に触れる場所に置く

それに加えて、「本棚にちょっとした仕掛けをするといいですよ」と竹内さん。

「子どもが興味を持つ本と一緒に、親の本や今の子どもには少しレベルの高い本も並べてお

くといいでしょう。子どもは親が面白そうに本を読んでいれば、『ママがあんなに熱心になっているのはどんな本なのだろう』と手に取るものです。でも分からない漢字が多くて、読んでみても分からないとまた棚に戻してしまいます。それでよいのです。『よく分からないけれど、なんだか気になる』。子どもがそんな風に憧れを抱く本をぜひ本棚に並べてください」

竹内さんは実際にＹＥＳインターナショナルスクールの本棚でその仕掛けを実践しています。本棚には竹内さんをはじめ先生たちが子どもたちのために選んだ本がそろっていて、図鑑や地図、「かいけつゾロリ」シリーズといった、子ども向けの本がずらり。ところがその中に、さりげなく、ゲノム編集、生命科学、ブラックホールといった科学用語の本も並んでいるのです。これが竹内さんが仕掛ける「憧れ本」です。

「興味を持った子どもは『この本、何？』と聞いてきます。そのときに、『これはアインシュタインが計算した研究が出ている本だよ、こっちは、ブラックホールの秘密の本だよ、これを読むには、算数をうんと勉強しないといけないんだよ』と説明してあげます。すると子どもたちは、『えー、いやだー』と一見拒否したりするのですが、心の中には、『世の中にはまだ僕には分からない難しいことがある』ということがインプットされます。日々そういった本を目にするうちに、**徐々に『今は読めないけど、分かるようになりたい』という好奇心、探究心が生まれ、世界が広がっていく。**それが仕掛けの狙いです」

分からなくても推測して読む。漢字を覚え語彙も豊かに

「憧れ本」は科学書に限らないと竹内さん。「僕の母親は推理小説や純文学が好きで、子どもの頃、家の中にはそういった本がたくさんあり、いつも熱心に読んでいました。小学校中・高学年のとき、僕は背伸びをしてそれらを読んでいたんです。大人の本なので、読めない漢字、理解できない部分は推測しながら飛ばしながらです。でも自然と語彙が増えて、読める漢字も

増えていきました。

読める漢字や語彙が多いということは、色々なものが読めるということです。するとどうなったかというと、小学校高学年のときに入った『科学クラブ』では、科学が好きな子たちが放課後、学校の階段に座り込んで『子供の科学』という雑誌を回し読みしていたのですが、それまでなじみのなかった『科学』というジャンルのものを、読むことができたんです。そして夢中になった。この『回し読み』こそが僕とサイエンスの出合いです」。**子どもの周りに色々なレベル・ジャンルの本があること、それを自由に手に取れるという環境がいかに大切か**ということが分かる体験です。

子ども向けなら英語のほうが読みやすいことも

英語の本も充実しているＹＥＳインターナショナルスクールの本棚。子どもたちは英語、日本語の区別なく読みたい本を手に取っていきます。実は、ここにも、家庭で取り入れられるヒントがありました。

「母語が日本語の子でも、英語の本のほうが親しみやすく感じる子もいます。というのも、子どもにとって、日本語の本を読むということは漢字の壁が大きいからです。小学校高学年くらいになるまでは、常用漢字がすべては身に付いていないので、１学年でも上の年齢向けの本を読むのは大変です。一方、英語はｐｕｔやｇｅｔ、ｌｏｏｋといった基本的な動詞、前置詞などを組み合わせたさまざまな慣用句があるように、簡単な単語で多くの言い回しが可能です。そのため、**基本的な単語が身に付いた子どもにとっては、英語の本のほうが抵抗が少ない**のでしょう」

こうした子どもならではの特性に配慮し、読ませたい本を選んだ結果、ＹＥＳインターナショナルスクールの本棚にはスカラスティック社のリーディング本など、英語の本が、日本語と同じくらい並ぶことになったのだそうです。

繰り返し読んだボロボロの本を通して本との付き合い方を伝える

ところで、竹内さんの自宅の本棚はどのような構成なのでしょうか。

「わが家のメインの本棚は、私の専門とする科学書、数学書、コンピューター関連の本が半分。これは、日本語、英語が入り混じっています。あとの半分は妻が好きな推理小説がバーンと並んでいます。妻はシャーロックホームズが本当に好きで、何回も読んでいるので、もうボロボロになっているんです。そんな本を見せることで娘には『**本というのは1回読むだけでは**

ないんだな。好きな本は何度も読むんだな』ということが伝わるのではと思います。現在小3の娘の本棚は別にありますが、やはり、英語、日本語を区別せずに読んでいます。日本語では、探偵ものの読み物に夢中です」

読書の後の「対話」で発信力を鍛える

「充実した本棚が大切」と話す竹内さんがもう一つ重視しているのが、読書の後の「対話」です。

「僕は小学校中学年の頃、ニューヨークに住んでいたのですが、そのとき、近くの図書館でやっているブッククラブに入っていたんです。そのクラブでは定期的に本を1冊もらえて、その本を読んだ後で友達と感想を話し合い、また次の本をもらうというシステムでした。毎回10

人くらいの子どもたちが集まって、読んだ本の感想を言い合うのですが、友達同士で共通の話題で盛り上がり、とても楽しかった。ディスカッションすることで、自分と違った観点があることが分かったり、理解が深まったりして、読解力や伝える力が養われたと思います」

竹内さんは、親子でもこうした「読後の対話」を行い、読んだ本の内容を思い返すことで、客観性や論理性が身に付くと言います。

「**初めは親も同じ本を読んで、子どもに質問しながら、考えを引き出すといいでしょう。**ある程度大きくなり、こうした『対話』に慣れてきたら、親は読まずに『**それはどんなお話なの』と聞いて、子どもに話させてみてください。**その積み重ねが、グローバル社会で必要な自分で考え、発信する力を磨くことになります」

＼竹内薫さんの提言に学ぶ／

「頭がいい子」が育つ家庭の“方針”

方針23

家庭の豊かな蔵書が子どもの学力を育む

方針24

読みたい本は子ども自身に**選ばせる**

方針25

「ちょっと背伸びした本」を置くことで子どもの興味を広げる

方針26

読書の後の親子の対話で、**発信力**を身につける

竹内薫

日本語、英語、プログラミング言語で教えるトライリンガル教育のフリースクールYES International School横浜校、不登校・ホームスクーラーの学びの拠点となり、サポート支援するYES International School東京校長。東京大学教養学部教養学科（専攻：科学史・科学哲学）、東京大学理学部物理学科卒業。マギル大学大学院博士課程修了（専攻：高エネルギー物理学理論）。理学博士（Ph.D.）。大学院を修了後、サイエンス作家として活動。物理学の解説書や科学評論を中心に100冊を超える著作物を刊行。物理、数学、脳、宇宙など、幅広い科学ジャンルで発信を続ける。テレビ、ラジオ、講演など執筆以外にも多方面で精力的な活動を続けている。

「頭がいい子」が育つ家庭習慣 8

「なんで？」の繰り返しで理系思考を育てる

東京大学教授 西成活裕さん

交通渋滞のメカニズムを数学で解き明かす「渋滞学」を考案した東京大学教授の西成活裕さん。日経ＤＵＡＬの読者アンケートの結果によると（２０２０年４月に実施、有効回答数２７９）、ほぼすべての回答者が、子どもに「算数を含む『理系の勉強』を好きになってほしい」と願っていました。では、どうすれば子どもを「理系好き」にすることができるのでしょうか。

「楽しさ」を味わうためなら動画の活用もあり

子どもが算数嫌いになる理由の一つに「なんのために算数を勉強するのか分からない」というものがあります。西成さんは、「人は、知りたい、解決したいという思いが強いほど、頑張って考えます。ですから、**算数嫌いの子にいきなり計算ドリルを解かせるよりも、算数を自分ごととして捉えて、『ちょっとやってみようかな』『やらなきゃまずいかな』と思わせるようなきっかけづくりが必要です**」と話します。

「算数が苦手な子にいきなり計算ドリルを解けといっても、苦行にしかならないでしょう。**最近ではYou Tubeなどで算数を分かりやすく楽しく教えてくれる動画も増えているので、活用するのもいい**と思います。その際は、親子が一緒に見て、算数の楽しさを共有できるといいですね」と話します。

西成活裕さん

大切なのは「没頭経験」と「負けず嫌い」

また、算数というと計算を思い浮かべますが、**計算力をつけることと、理系思考を鍛えることは別だ**と西成さん。「計算は数学の一部分にすぎず、数学者であっても、計算が得意とは限らないんですよ。もちろん計算力も必要ですが、それだけでは難しい数学の問題は解けないでしょう」と西成さんは言います。

「中学・高校で数学を学ぶようになると、『一つの問題を諦めずに粘り強く考え続ける力』が必要になります。**計算の速さだけでなく、綿密さ、じっくり考える『スタミナのある思考力』も求められるんです**」

そのためには、幼少期から時間を忘れるほど何かに没頭した経験があるといい、と西成さん。

そして算数においては、「**この問題が解けなくて悔しい、自分の力で解きたいという、子どもの『負けず嫌い』を引き出すことがポイント**」と話します。

「『逆上がりができなくて悔しい』とか『あの子の持っているおもちゃを自分も欲しい』など、どんな子の中にも『負けず嫌い』な要素が隠れています。子どもからそのような発言が聞かれたら、勉強に生かすチャンス。理想を言えば、クラスメイトや仲のいい友達に『自分よりちょっとだけ上のレベルの子』がいるといいですね。その子を目指して努力しよう、というモチベーションが湧くと思います。

逆に、子どもから『僕はバカだから、どうせやってもできないよ』などという言葉が聞かれたら要注意。その瞬間、成

長が止まってしまいます。私が学生時代に予備校講師のアルバイトをしていた頃、高2で偏差値30だったのに、その後追い上げて東大に入った子がいました。勉強に『遅い』はないんですよ。負けず嫌いがあれば、誰でも目標を達成できる可能性があるんです。**親は子どもに『やれば必ずできるはず』というエンパワーメントをしてあげてほしいです**」

粘り強く考え続ける「思考のスタミナ」を鍛える

身近な物事に「なんで？」と疑問を持つことが理系思考には大切だと西成さん。さらに「**『なんで？』を1回で終わらせず、『なんで？　なんで？』と2回突っ込んで考える習慣をつけてほしい**」と話します。

「例えば、子どもがモノを壊してしまったとき、親が『なんで壊れちゃったのかな？』と聞く。子どもが答えたら『じゃあそれはなんで？』ともう一回聞いてみるんです。これにより、**論理的に原因を追究する能力だけでなく、一つの問題に粘り強く取り組む力、いわば『思考体力』が鍛えられます。**この思考体力をつけることが、理系にはとても大切なんですね。

親が面倒臭がったり、『今忙しいから聞かないで』などと怒ったりすると、子どもは親に忖度《そんたく》して質問してこなくなります。答えが出なくてもいいんです。親も忙しくて大変だと思いますが、子どもから聞かれたら、一緒になって考える習慣をつけてみてください」

日常生活と算数を結びつけて、学ぶ目的を明確化

子どものやる気を引き出すもう一つの方法として、「目的意識をはっきりさせてあげる」というものがあります。何のために算数を勉強するのか分からない。将来の役に立つの？　そんな疑問から算数へのモチベーションが下がってしまう子は少なくありません。

「**実は算数（数学）はもともと、モノの長さや距離、液体の濃度などを正確に数値化することで、身近な困り事を解決するために生み出されたもの。**現代でもさまざまな日常生活の中に応用されています。それを上手に教えてあげると、楽しさが倍増すると思いますよ」と西成さん。

「例えば、グラウンドにドッジボールのための長方形を書くとき、直角をどうやったらきれいに描ける？　音楽の四分音符を分数で表わすと？　歴史が好きな高学年の子には、『豊臣

秀吉が本能寺の変を知った際に、中国地方からどのくらいの距離をどのくらいの速度で引き返したか』を計算してもらうのはどうでしょうか。**日常生活や、その子の興味のある分野を算数と結びつけてみると、算数が役立つ科目だと実感でき、モチベーションが変わってくる**と思います」

「言葉つなぎゲーム」で論理力を鍛える

わが子に「論理的思考を身に付けてほしい」と願う親も少なくありません。「論理的思考とは、先ほどの『思考のスタミナ』とも関係しますが、AならB、BならC、CならD……と、答えが見つかるまで何段も論理を積み上げ、諦めずに考える力のこと。複雑な問題を解決するときに欠かせないものです」と西成さん。

この論理的思考を鍛えるために西成さんがおすすめするのが、「言葉つなぎゲーム」です。これは、全く関係ない言葉を二つ思い浮かべ、その間にいくつかの言葉を挟んで、論理的につなげるというゲームです。例えば、「ペットボトル」と「自動車」という言葉を思い浮かべたとしましょう。

スタート

ペットボトルは「石油」からできている

↓

石油は「ガソリン」の仲間

↓

ガソリンは「自動車」の燃料

ゴール

こうした具合に、間に言葉を補ってつなげていきます。

「論理的思考力はもちろん、それぞれが持つ性質を『抽象化』する力や、一見関係なさそうに見える事柄をつなげる『ひらめき』(ジャンプ力)も必要。理系にとって大切なこれらの力を、一度に鍛えることができるのです」

実はこのゲーム、小学校時代に西成さん自身が開発したそう。「子どもの頃によく、新聞の折り込みチラシの裏に絵や言葉を書いていました。ある日、書いた紙をちぎって捨てようとして、ぱっと2枚取り出したら全然ちがう言葉が出てきて笑ってしまったんです。それから、色々な言葉を小さな紙に書いて、箱に入れておき、それを2枚出してつなげるというゲームを始めました。

この習慣は今でも効いています。**色々なものをつなげる習慣をつけると、関係ないものが世の中になくなり、自分の興味も広がっていく。**私には関係ない、という言葉を使わなくなるはずですよ」

分からない部分をごまかさない

算数が得意になるには、計算力以外にもさまざまな力が必要だということが分かりました。

とはいえ、計算のスキルがなければ問題を解くことができないのも確かです。基本的な計算力を向上させたい場合はどうすればいいのでしょうか。

予備校講師の経験もある西成さんによれば、**算数が分からなくなる子には「どこかで一瞬、**

つまずきをごまかした経験がある」と言います。よく分からない単元があったけれど、「テストがあるから」と暗記でごまかしてしまった。それが積み重なり、解決できない溝になってしまうというパターンです。

「例えば、分数の理解を曖昧にしていると、小学校時代のテストはクリアできても、中2くらいでアウトになります。中1の終わりから、あらゆる計算で分数が出てきますから。算数は積み上げ式の学問なので、ごまかしたのが絶対に後でばれるシステム。『小学校時代はできたのに』というのは間違いで、実は小学校でつまずいているんですね」

これを防ぐには、暗記ではなく理屈できちんと理解すること。親としては、子どもが「分かったふりをしていないか」を見抜いてあげる必要があります。**「もしどこかで詰まったら、一緒に原因を探し、理解できていないポイントまで遡って確かめてみるといいでしょう」**

ちなみに、子どもに合った算数の参考書はどう選べばいいのでしょうか。「すでに算数が好きで自信がある子には、『難しい問題を見せる』だけでOK。高学年なら難関中学の入試問題を見せて『これ難しいよね、でも解ける子がいるんだよ』と言えば、知識を総動員して解こうとするはず。その過程で、思考力がどんどん身に付いていきます。

算数がそこまで得意でない子の場合には、タイプの違う3～4種類の参考書を子ども自身に試してもらうというプロセスが必要でしょう。参考書は薬と同じで、Aさんには効くけれどBさんには効かない、ということも。親がいいと思うものが子どもに合うとも限りません。テーラーメイド医療のように、**子ども自身が『分かりやすい』と答えた参考書を使うことが、効率的に学習を進める一番の方法です**」

＼西成活裕さんの提言に学ぶ／

「頭がいい子」が育つ家庭の“方針”

方針27

算数を好きになるには**「楽しい」**を入り口に

方針28

子の負けず嫌いを引き出し、**「スタミナある思考力」**を育てる

方針29

「言葉つなぎゲーム」で、論理力を鍛える

方針30

親は子どもが**つまずいたポイントを見つけ**る手伝いをする

西成活裕

東京大学先端科学技術研究センター教授。東京大学工学部卒業、大学院工学研究科航空宇宙工学専攻博士課程卒業。ドイツのケルン大学理論物理学研究所などを経て現職。交通渋滞の原理を数学などで解き明かす「渋滞学」を考案。予備校講師のアルバイト経験を基に、小学生から主婦まで幅広く数学や物理を教えることも得意とする。『文系の私に超わかりやすく数学を教えてください！』（かんき出版）など著書多数。

※本書は、共働き子育てノウハウ情報サイト『日経DUAL』に掲載している特集や連載の記事に、加筆・修正したものです。

日経DUALの本

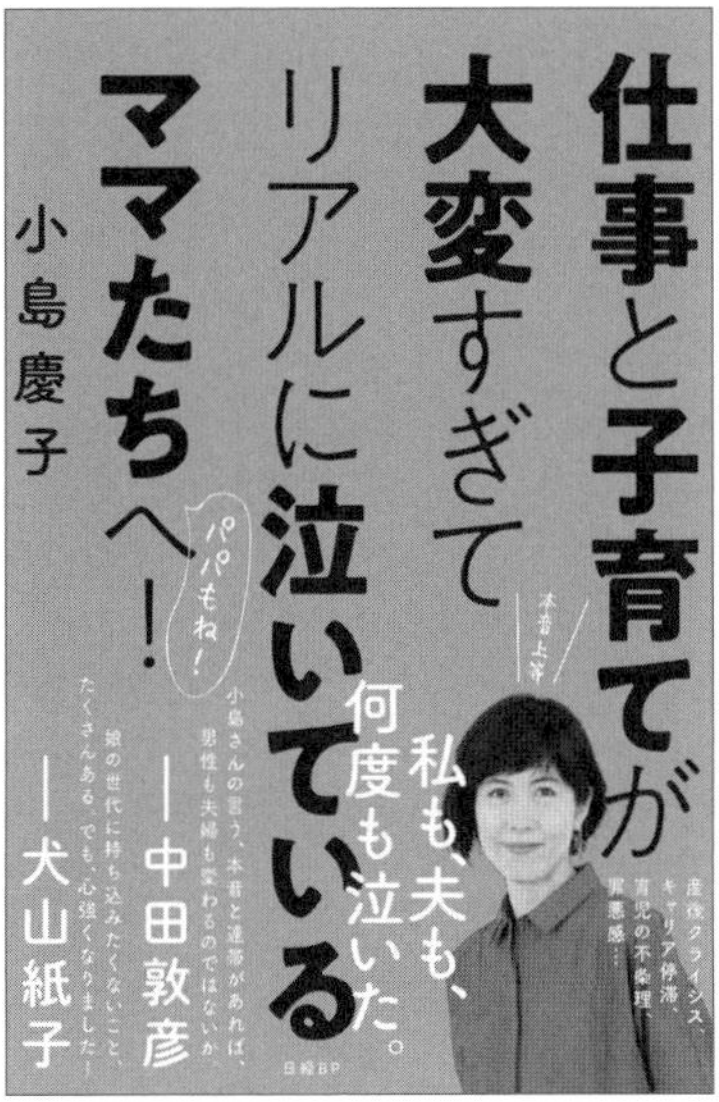

【書籍】

仕事と子育てが大変すぎてリアルに泣いているママたちへ!

２人の子どもの母である小島慶子さんが、６年にわたり綴ってきた日経 DUAL の好評連載を単行本化！　産後クライシス、キャリア停滞、育児の不条理、罪悪感…。大変すぎて、ときに泣きたくなる「共働き共育て」のつらさに寄り添い、子育て期にだけ得られる大きな喜びや幸せに気づかせてくれる1冊。

小島 慶子著　定価：本体 1,400円+税

【書籍】

中学受験させる親必読!

「勉強しなさい!」エスカレートすれば教育虐待

子どもに対して過剰な教育・干渉をしてしまうと、健やかな成長につながらないばかりか、不安障害やうつ病といった精神疾患を発症してしまうことすらあります。本書は、そんな「教育虐待」の原因から予防・解決策までを専門家に幅広く取材するとともに、当事者の声も紹介します。幼児期から低学年、中学受験を間近に控えた高学年まで子どもそれぞれに合った最適な関わり方がわかる1冊です。

日経DUAL編　定価：本体 1,300円+税

「頭がいい子」が育つ家庭の8つの習慣

2020年 7月29日　　第1版第1刷発行

発行者　南浦淳之
編　集　久保田智美（日経DUAL編集）
　　　　片野 温（日経DUAL編集長）

発　行　日経BP
発　売　日経BPマーケティング
　　　　〒105-8308 東京都港区虎ノ門4-3-12

編集協力／小林浩子、有馬知子、西山美紀、福本千秋
写真／鈴木愛子、菊田香太郎（福岡伸一さん）、坂斎 清（竹内薫さん）、PIXTA

装丁・カバーデザイン／小口翔平＋三沢稜（tobufune）　中面デザイン／藤原未央
図版作成／武田あゆみ　印刷・製本／図書印刷株式会社

ISBN978-4-296-10710-0